로댕 흙에 생명을 불어넣은 조각가

로댕 흙에 생명을 불어넣은 조각가

노성두 글 | **백종훈** 미술놀이

예술가들이 사는 마을 8

로댕 흙에 생명을 불어넣은 조각가

초판 1쇄 발행 2017년 04월 28일
초판 2쇄 발행 2020년 06월 18일

글쓴이 노성두
미술놀이 백종훈

기획편집 이사 이은아
편집 조정우, 민가진, 한지영
디자인 강미서
마케팅 구혜지, 한소정

펴낸이 한혁수
펴낸곳 도서출판 다림
등록 1997년 8월 1일(제1-2209호)
주소 07228 서울시 영등포구 영신로 220 KnK디지털타워 1102호
전화 (02) 538-2913 | 팩스 (02) 563-7739
다림 카페 cafe.naver.com/darimbooks | 블로그 blog.naver.com/darimbooks
전자 우편 darimbooks@hanmail.net

ISBN 978-89-6177-141-2 73600
ISBN 978-89-6177-030-9 (세트)

ⓒ 노성두, 2017

*이 책 내용의 일부 또는 전부를 사용하려면 반드시 저작권자와 도서출판 다림의 서면 동의를 받아야 합니다.
*책값은 뒤표지에 있습니다.
*미술놀이 작품을 만드는 데 도움을 주신 씽크씽크 미술관 어린이들에게 감사드립니다.

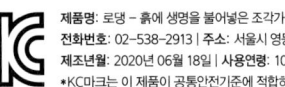

제품명: 로댕 – 흙에 생명을 불어넣은 조각가	제조자명: 도서출판 다림	제조국명: 대한민국
전화번호: 02-538-2913	주소: 서울시 영등포구 영신로 220 KnK디지털타워 1102호
제조년월: 2020년 06월 18일	사용연령: 10세 이상

주 의

아이들이 모서리에 다치지 않게 주의하세요.

*KC마크는 이 제품이 공통안전기준에 적합하였음을 의미합니다.

차례

보이지 않는 것 만질 수 없는 것　　　　7

조각과 그림　　　　27

토르소　　　　51

추함의 발명　　　　75

움직임과 생명의 표현　　　　97

부록　　　　117

1. 로댕의 발자취
2. 미술관에 놀러 가요

보이지 않는 것
만질 수 없는 것

1

■ 수록 작품
오귀스트 로댕 〈생각하는 사람〉 1888년, 조각, 청동, 1.89×98×1.4cm, 파리 로댕 미술관 (9쪽)
산드로 보티첼리 〈단테 알리기에리〉 1495년, 54.7×47.5cm (10쪽)
도메니코 디 미켈리노 〈단테의 신곡〉 1465년, 벽화, 두오모 성당 (11쪽)
오귀스트 로댕 〈지옥의 문〉 1880~1888년, 조각, 청동, 100×396×775cm, 파리 로댕 박물관 (12쪽)
잔 로렌초 베르니니 〈저주받은 영혼〉 1619년, 대리석, 38cm, 스페인 궁 (14쪽)
오귀스트 로댕 〈칼레의 시민〉 1884~1895년, 조각, 청동, 파리 로댕 박물관 (16쪽)

〈생각하는 사람〉은 프랑스 조각가 로댕이 만든 조각이야. 턱을 괴고 웅크린 자세가 무척이나 유명해서 티브이 광고에도 곧잘 등장하곤 해. 무슨 생각을 저리 골똘히 하고 있을까? 학교 준비물을 깜빡해서 뭐였더라…… 기억해 내려는 건 아니겠지? 우리가 보고 들은 기억들은 바람처럼 사라지곤 해. 그래서 머리에 담아 두기도 어렵지만, 다시 끄집어 내기도 참 힘들어. 〈생각하는 사람〉은 나이가 몇 살이나 되었을까? 스물은 넘을 것 같은데, 마흔까지는 아닐 테고……. 무척 튼튼하고 우람해 보이는 게 운동을 많이 한 아저씨 같아.

그런데 옷을 왜 다 벗고 있는 거지? 1년 내내 저러고 있으면 정말 춥겠다. 설마 수영장에 혼자 놀러 왔다가 옷 가방을 분실? 에이, 그건 아닐 거야. 이렇게 유명한 조각이 그런 시시한 주제일 리가 없지. 말도 안 되는 상상이야. 그러고 보니 머리에는 얇은 모자를 쓰고 있군. 아무것도 안 입은 알몸에 모자를 쓰다니, 썩 어울리진 않네. 그런데 이 작품이 왜 유명한 거야?

귀마개가 달린 모자를 보니 시인 단테가 맞는 것 같지?

조각가 로댕이 만든 〈생각하는 사람〉은 시인 단테를 모델로 했다고 해. 단테는 누굴까? 단테는 중세 시대 끝자락에 이탈리아에서 활동했던 시인이래. 〈생각하는 사람〉이 머리에 쓴 것은 시인의 모자라고 불리는 천 모자야. 모자가 없었으면 시인인 줄 몰라볼 뻔했네. 시인의 원래 이름은 단테 알리기에리(Alighieri Dante, 1265~1321). 1000행이 넘는 아주 긴 시를 수록한 책 『신곡』을 지었지. 『신곡』은 시인 단테가 직접 지옥, 연옥, 천국을 순례한 여행기를 기록한 책이래.

천국과 지옥은 들어 본 것 같은데, 연옥은 또 뭐람? 연옥은 죄를 짓고 죽은 사람들 가운데 아주 큰 죄를 저지른 게 아니라면 자신의 죄를 씻고 뉘우쳐서 천국으로 갈 수 있는 기회를 주는 곳이라고 해. 지옥, 연옥, 천국 모두 인간이 죽기 전에는 갈 수 없는 곳들이지만, 단테는 시인의 상상력으로 순례 기록을 완성했대.

피렌체 두오모 성당의 벽화로 단테의 『신곡』을 그렸대.

   단테가 『신곡』을 쓴 이유는 종교와 도덕의 가르침을 외면하고 세속적 이해에 골몰하는 동시대의 타락상을 꾸짖고 바른 교훈을 주기 위해서라고 해. 그리고 19세기에 조각가 로댕이 자신의 조형적 상상력을 가지고 시인 단테를 소환해서 모델로 삼은 거지. 시인의 상상력이 600년을 뛰어넘어서 조각가의 머릿속에 불꽃을 일으키다니, 신기하지 않아?

   〈생각하는 사람〉은 원래 큰 청동 문의 위쪽에 앉아 있는 인물상으로 구상되었어. 물론 로댕은 〈생각하는 사람〉의 크기를 키워서 독립 작품으로도 만들게 되지만, 처음에는 커다란 청동 문 프로젝트의 일부였던 셈이지.

   로댕이 주문받은 청동 문은 주제가 지옥 풍경이었어. 로댕은 지옥문을 재현해야 했던 거야. 지옥은 저주받은 영혼들의 거처라고 알려져 있는 곳

〈지옥의 문〉은 로댕의 풍부한 상상력이 잘 드러난 작품이야.

이지. 시인 단테가 지옥을 돌아보면서 목격하고 만났던 죄 많은 영혼들이 로댕의 지옥문 안에 바글바글해. 지옥문의 상단 중앙에 올라앉은 시인 단테가 '생각하는 사람'이 되어서 지옥 순례 기억을 떠올린다는 설정이지. 로댕이 완성한 〈생각하는 사람〉은 몸을 동그랗게 웅크린 채 기억을 더듬는 중이야. 지옥 풍경이 생각하는 사람의 찌푸린 이마와 부릅뜬 눈빛을 통해 불길하게 번쩍거리고 있어. 로댕은 단테의 기억 속으로 들어가서 시인의 상상력이 창조한 지옥을 엿보기로 했어.

지옥은 세찬 바람 소리로 귀가 먹먹할 지경이야. 바람은 수많은 갈래로 쪼개졌다가 다시 뭉쳐서 우리에게 달려들지. 혼돈과 후회의 바람, 질투와 욕망의 바람, 탄식과 저주의 바람 들이 견딜 수 없는 악취를 담고 우리의 눈과 귀를 후려치고 또 마비시키고 있어. 지옥의 거대한 깔때기 속에 몰아치는 핏빛 돌개바람에 휩쓸린 저주받은 영혼들이 가랑잎처럼 흩날리다가 내동댕이쳐지곤 해. 그 광경을 보고 기록하는 단테의 심정도 천 갈래 만 갈래로 찢어졌겠지.

로댕은 〈생각하는 사람〉을, 그러니까 시인 단테의 기억 속에 되살아난 지옥의 풍경을 청동 문 조각을 통해서 표현했어. 거대한 지옥문의 소리 없는 아우성은 다름 아닌 〈생각하는 사람〉의 이마 속에서 소용돌이치는 기억의 풍경인 셈이지. 우리는 로댕이 남긴 청동 문 앞에서 두 개의 풍경과 만날 수 있어. 하나는 시인 단테의 웅크린 모습, 그리고 또 하나는 단테의 고통스러운 기억 속으로 억지로 비집고 들어간 조각가 로댕이 엿본 지옥의 풍경이지.

로댕은 하나의 조형을 가지고 두 개의 풍경, 두 개의 차원, 서로 다른 두 개의 시점을 동시에 표현하고 있어. 천재 조각가가 아니라면 좀처럼 선보이기 어려운, 그리고 성공을 기대하기 어려운 기법이지. 하지만 이런 기법을 로댕이 처음 시도한 건 아니야. 예를 들면 바로크의 거장 베르니니(Gian Lorenzo Bernini, 1598~1680)가 열여덟 살에 완성한 〈저주받은 영혼〉이 그런 작품이야.

조각가 베르니니는 숯불에 넣고 뜨겁게 달군 인두를 사용해서 자기 몸을 지졌다고 해. 달군 쇠로 맨살을 지졌으니 무척 고통스러웠을 거야. 하지만 베르니니는 왜 그런 어리석은 짓을 했을까? 베르니니는 조각가로서 고통의 적나라한 얼굴을 실제로 관찰하고 싶었대. 상상만

잔 로렌초 베르니니의 자화상이야.

으론 부족했던 거지. 그래서 작업실에 거울을 세워 두고 달궈진 인두에 제 살이 타들어 가는 순간 거울에 비친 제 얼굴을 뜯어보며 고통의 표정을 훔쳐 냈다는 거야. 바로크 시대 전기 작가 발디누치(Filippo Baldinucci, 1624?~1696)가 쓴 『베르니니의 전기』에 기록된 이야기니까 믿어도 좋아.

베르니니가 〈저주받은 영혼〉을 제작하기에 앞서, 고대 로마 시대에 석쇠에 화형을 당한 〈성 라우렌티우스의 순교〉를 주문받은 적도 있어. 그때도 베르니니는 제 살을 태웠다고 해. 이것도 발디누치의 기록이야. 제대로 된 작품을 얻기 위해 어떤 위험도 무릅쓰는 비장하고 결연한 조각가의 태도가 아주 인상적이지. 베르니니는 그때 십 대 소년에 불과했는데, 어디서 그런 배짱이 나왔는지 참 대단하지? 베르니니는 훗날 이탈리아 바로크 최고의 조각가로 이름을 떨쳤어. 로댕이 존경한 조각가도 바로 미켈란젤로와 베르니니야.

크게 뜬 눈과 크게 벌린 입을 봐. 표정이 생생하지?

베르니니의 〈저주받은 영혼〉은 화들짝 놀란 얼굴이야. 얼굴에 비친 소름끼치는 표정도 그렇지만 머리카락이 쭈뼛 곤두설 정도라니, 조각의 주인공은 대체 무얼 보고 그렇게 놀랐을까? 작품 이름인 〈저주받은 영혼〉이 말해 주는 것처럼, 지금 조각의 주인공은 죄를 짓고 지옥에 떨어진 영혼이야. 지옥에서 다른 죄 많은 영혼들이 악마에게 고문당하는 광경을 보고 자기도 그런 처지가 될까 봐 지레 경악하는 것 같아. 당장이라도 지옥 불의 화염이 그의 얼굴 가죽을 태워 버릴 것 같아.

흥미로운 것은 조각가 베르니니가 지옥의 풍경을 있는 그대로 그리지 않았다는 사실이야. 그 대신에 그 풍경을 목격하고 증언하는 한 인물의 표정을 재현했지. 대리석 두상이 짓고 있는 눈빛과 표정은 그 자체로 지옥 풍경을 비추는 거울이 된 셈이야. 마치 로댕의 〈생각하는 사람〉이 시인 단테의 지옥 순례 기억을 비추는 거울의 역할을 하는 것과 마찬가지겠지.

이제 로댕의 또 다른 대표작 〈칼레의 시민〉을 살펴볼 차례야. 이 작품은 역사적 사건을 주제로 한 기념비적 조각으로 꼽히고 있어. 역사적 사건은 무슨 내용을 담고 있을까?

14세기 중엽, 그러니까 프랑스와 영국 사이의 백년전쟁*이 시작되고 얼마 지나지 않았을 때였대. 영국 왕 에드워드 3세가 기세를 몰아 승승장구하며 프랑스의 칼레 시를 공격하고 있었어. 성채를 빙 둘러서 포위한 영국 군대를 바라보며 칼레 시민들은 1년 가까이 저항했지만, 결국 비축해 둔 식량이 다 떨어져서 항복할 수밖에 없었지. 굶어서 떼죽음을 당하느니 목숨이라도 부지하는 편이 낫다는 판단이었어. 그런데 이때 흥미진진한 상황이 벌어졌어. 영국 왕 에드워드 3세가 엉뚱한 제안을 내걸었어. 승리감에 도취해서 그랬던 걸까? 자신의 관대함을 과시하려고 했던 걸까? 만약 칼레 시민들 가운데 여섯 명이 나서서 자신의 목숨을 내놓는다면 다른 시민들은 모두 살려 주겠다는 조건을 내걸었던 거야. 그러자 칼레 시의 시민 여섯 명이 솔선해서 나섰대. 가족과 친구들을 위해 목숨

*백년전쟁
1337~1453년까지 100여 년 동안 벌어진 영국과 프랑스 간의 전쟁.

영웅적인 기념비인데 좌대의 높이가 낮아.

*좌대
조각 작품을 세우는 받침부.

을 포기한 그들의 용기는 시민들뿐 아니라 적국인 영국 왕비까지도 감동시켰어. 왕비의 간청으로 에드워드 3세는 희생을 각오한 여섯 명의 용감한 시민들에게 자비를 베풀었다고 해.

    칼레 시에서 기념비에 들어갈 조각 작품을 주문받은 로댕은 여러 차례 구상을 바꾸었어. 그리고 마지막에 여섯 명의 용기 있는 시민 영웅들이 포승에 묶인 채 포로로 끌려가는 장면을 내놓았어. 눈앞에 닥친 죽음 앞에서 두려움에 굴복하지 않고 의연함을 잃지 않은 시민 대표들이었지. 여기서 로댕은 새로운 것을 시도했어. 로댕은 이 시민 대표 여섯 명을 '칼레 시민들의 친구'라는 뜻으로 조각의 주인공들이 서 있는 좌대*를 거의 지면에 붙을 정도로 낮추었어. 좌대는 조각을 현실과 현재의 시간적·공간적 경계에서 구분하지만, 또 그 구분의 경계를 넘어서 서로를 연결하는 역할을 하기도 해. 로댕은 칼레 시의 영웅적인 역사를 이런 식으로 표현했어.

하지만 이 좌대 때문에 로댕은 심각한 비판에 직면하고 말았어. 영웅적인 역사를 기리는 기념물이라고 하면 19세기에는 당연히 보는 사람이 고개를 젖히고 올려다볼 정도로 까마득히 높은 좌대를 세우고 그 위에다 단 한 명의 영웅을 우뚝 세워야 한다고 믿었지. 그래야 영웅적인 업적이 돋보인다는 거야. 우리나라 광화문 광장에 있는 이순신 장군이나 세종대왕 동상도 인물의 크기에 비해서 좌대가 꽤 높지. 그러니 벌써 100년 전에 공공 미술에서 이미 바닥 높이가 낮은 좌대를 만든 로댕은 그야말로 미친 사람 취급을 받아야 했어.

〈칼레의 시민들〉에서는 한 명의 영웅 대신에 주인공이라고 부를 수 있는 인물이 무려 여섯 명으로 늘어났고, 더군다나 이들이 제각기 어둡고 격렬한 표정과 자세를 취하고 있으니, 마치 비좁은 연극 무대 위에서 비극 배우들이 떼 지어 연기를 펼치는 것 같은 인상을 주었어.

로댕이 이런 식으로 작품을 구상한 것은 공공의 책임과 의무, 그리고 개인의 비극 사이에서 고통스럽게 몸부림치는 시민 대표들을 통해서 시대와 역사의 공감을 끌어내고 싶어서였던 것 같아. 하지만 100년 전 비평가들이 보기에 이런 식의 인물 조각은 영웅을 기린 기념비라는 기준에 턱없이 미치지 못했던 거지. 안타깝지만 예술의 분야에서 천재가 동시대 사람들에게 인정을 받지 못하는 경우는 꽤 자주 있는 편이야.

로댕이 활동하던 시대보다 수천 년 앞서서 고대 그리스에서도 비슷한 일이 있었어. "너 자신을 알라."라는 말로 유명한 철학자 소크라테스

(Socrates, B.C. 470?~B.C. 399)가 어느 날 조각가 클레이톤을 방문했대. 클레이톤은 운동선수들, 그러니까 달리기 선수, 레슬링 선수, 권투 선수, 오종경기 선수들을 그럴 듯하게 빚어내는 솜씨 있는 청동 조각가였어. 그런데 저마다 다른 동작의 조각을 만들면서도 어찌나 움직임이 생생한지 조각상들이 모두 살아서 숨을 쉬는 것 같았다는 거야. 소크라테스가 그 비결을 물었더니 클레이톤은 이렇게 대답했지.

"선생님한테만 말씀드릴게요. 운동선수들이 동작을 취할 때마다 몸이 솟거나 가라앉고, 웅크리거나 내뻗고, 긴장하거나 이완하는데, 저는 그 모습을 잘 봐 두었다가 그대로 만든답니다."

예를 들어 운동선수가 긴장을 늦추고 느긋하게 힘을 빼고 있을 때의 모습과 무거운 원반을 쥐고 몸을 회전시켜서 멀리 던지려고 할 때의 모

조각가 클레이톤이 말했던 운동선수의
생생한 움직임을 느낄 수 있지?

습을 보면 그때마다 근육의 크기와 강도가 달라지는데, 그 차이를 잘 관찰하면 실제 운동선수의 모습처럼 실감나는 조각 작품을 만들 수 있다는 거야. 로댕이 클레이톤의 설명을 들었다면 "바로 이거야!" 하고 무릎을 쳤을 거야. 조각가에게 자연 관찰보다 더 유용하고 정확한 가르침이 어디 있겠어?

하지만 로댕은 클레이톤의 가르침에 머물지 않았어. 그 지점에서 한 걸음 더 앞으로 나아갔지. 우리는 〈생각하는 사람〉과 〈칼레의 시민들〉에서 말로 표현하기 어려운 조형적 표현력의 실험을 보았지. 조각가는 인간의 슬픔, 고통, 이별, 죽음, 후회, 사랑, 우정, 애국심을 어떻게 표현할 수 있을까? 로댕은 작업 공방의 점토 덩어리 앞에서 이 문제를 가지고 밤낮 씨름했어. 그리고 수많은 소묘와 점토 성형을 빚어내고 부수기를 되풀이한 다음에 마침내 눈에 보이지 않는 것과 손으로 붙잡을 수 없는 것을 표현하는 데 성공했지.

그렇다면 **로댕의 조각 방식**은 어떤 것이었을까? 조각가가 형태에 생명을 불어넣고 또 감정을 만들어 내는 일은 결코 간단한 작업이 아니야. 점토를 움켜쥔 손가락을 움직이기 전에 고려해야 할 수많은 변수들이 있거든. 가령 로댕보다 500년 앞선 르네상스 시대의 미술 이론가 알베르티(Leon Battista Alberti, 1404~1472)는 이렇게 말했지.

"슬픈 표정과 기쁜 표정을 구분해서 재현할 수 있는 예술가는 지극히 드물다."

사람이 웃을 때와 울 때 얼굴에 잡히는 주름은 겉으로 보기에 거의 똑같다고 해. 또 무척이나 행복한데 자기도 모르게 눈물이 날 때가 있지. 그럴 때의 얼굴 표정은 어떻게 빚어낼 수 있을까? 표정과 더불어 주인공의 자세와 동작과 팔다리의 움직임은 어때야 그려 낼 수 있을까?

알베르티와 비슷한 시기에 살았던 이탈리아의 르네상스 예술가 레오

레오나르도가 그린 옷 주름이야. 우피치 미술관의 성모영보에 등장하는 성모마리아의 옷 주름이야.

나르도 다빈치(Leonardo da vinci, 1452~1519)는 움직임을 체계적으로 연구했어. 그리고 연구와 관찰 결과를 사람이 움직이면서 만들어 내는 여러 가지 동작으로 구분해서 스케치로 남겼어. 끌고, 매달리고, 드러눕고, 뒤틀고, 서로 맞붙으면서 만들어 내는 다양한 자세들을 레오나르도는 간단하지만 분명한 사지의 움직임의 변주를 통해서 구분했어.

레오나르도는 단지 움직임의 관찰에 머무르지 않고, 몸의 움직임을 야기하는 마음의 움직임도 같이 포착해야 한다고 봤어. 가령 사람의 눈빛, 표정, 옷 주름의 형태를 통해서 그 사람이 착한 사람인지, 못된 사람인지, 겉으로는 너그러운 미소를 띠고 있지만 속에 시커먼 마음을 품고 있는 사람인지 그려 낼 수 있어야 진정한 예술가라고 했지. 레오나르도의 수기 노트에는 "감정과 영혼의 색깔과 형태, 그리고 움직임을 포착하고 재현하는 것이 예술의 참된 의무."라고 적혀 있지.

그렇다면 조각가는 어떤 수단과 방법을 동원해서 보이지 않는 감정과 영혼의 형상을 표현할 수 있을까? 로댕은 재료의 성질과 무게와 크기, 조각 작품의 표면이 만들어 내는 질감, 날카롭거나 완만한 형태와 경계선, 덩어리로 연결되는 내용의 뭉침과 흩어짐, 빠르거나 느린 줄거리의 진행 속도, 조형이 수용하거나 튕겨 내는 빛의 이어지거나 끊어지는 흐름, 필연적으로 생성되는 그림자의 농도의 차이와 간섭을 수없이 관찰하고 비교하는 과정을 통해서 자신의 결과물을 상상하고 변형시키고 개선했어. 감상자에게 오해의 여지도 없이 분명한 의미를 전달하려면 필수적으로 거쳐야 할 작업이기 때문이야.

로댕의 〈생각하는 사람〉은 '생각'을 표현하고 있어. 생각은 볼 수도 없고 잡을 수도 없어. 맛도, 냄새도, 소리도 나지 않지. 조각가 로댕에게 이것은 진지하고도 버거운 주제였어. 지옥을 순례하고 돌아온 시인 단테의 기억 속에 남아 있는 그림자를 청동으로 표현해야 했으니까 말이야. 그림자가 서서히 형태를 갖추고 조금씩 꾸물거리다가 가까스로 몸을 일으키고 또 기운을 차려서 자신의 조형적 생명의 바퀴를 굴려 가는 광경, 그 광경이 실제로 〈생각하는 사람〉의 이마 속에서 펼쳐지고 있어. 태초에 이루어진 창조처럼 경이로운 풍경이야. 로댕은 실제로 스스로를 창조하는 조각가라고 불렸어. 그리고 태초에 점토를 빚어서 첫 인간 아담을 빚어낸 창조주를 '신성한 조각가'라고 불렀지. 그로부터 500년 전 레오나르도가 "화가는 또 한 명의 신과 같다."라고 말했던 것처럼 말이야.

  하지만 조각가가 신성에 도달할 수 있을까? 흙에서 태어난 아담의 자손이 신과 어깨를 겨룰 수 있을까? 로댕은 예술적 상상력과 젖은 점토가 그것을 가능하게 한다고 믿었어. 그리고 〈생각하는 사람〉을 그의 확신에 대한 흔들리지 않는 증거로 우리에게 남겼어.

미술놀이

로댕은 시인 단테의 상상력을 가져와서 자기 것으로 소화시켰어. 그러고는 보이지 않는 감정들을 보이는 것으로 만들어 냈지. 사람에게는 많은 감정이 있어. 기쁨, 분노, 슬픔, 즐거움 등이야. 그 외에도 많은 감정이 있어. 지금 로댕의 작품을 보면서 느껴지는 감정들이 있니? 다 같이 이야기를 나누어 보고 그 감정을 표현해 보는 건 어떨까?

두 가지 활동을 해 볼 거야. 석고붕대를 이용해 가면을 만드는 활동과 한지를 이용해서 가면을 만드는 활동. 서로 질감이 다른 만큼 여러 가지 얼굴 표정을 그려 보며 다양한 감정을 표현해 볼 수 있어.

1-1. 다양한 감정이 드러나는 가면 만들기

활동 방법:

준비물
가면 틀, 왁스, 석고붕대, 가위, 물통, 물감, 붓

1

가면을 만들 수 있는 틀을 준비하고 틀 위에 왁스를 붓으로 꼼꼼히 발라. 왁스를 바르면 틀과 석고붕대가 서로 달라붙지 않아.

2

석고붕대를 적당한 길이로 잘라 조각낸 다음 한 장씩 물에 적시고 틀 위에 잘 펴서 붙여. 그리고 난 뒤 석고붕대의 석고가 잘 퍼질 수 있게 손가락으로 살살 문질러 줘.

3

석고붕대를 3~4겹 정도 바르고 자연 건조시키면 단단하게 굳어.

4

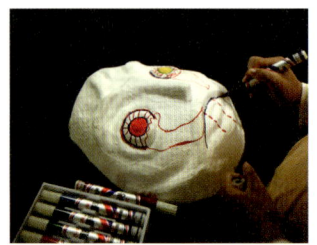

단단해진 석고붕대를 틀과 분리하고 물감과 다양한 재료로 여러 가지 표정을 그리는 거야. 표정에 따른 여러 감정들에 대한 이야기도 나누어 봐.

1-2. 다양한 감정이 드러나는 탈 만들기

활동 방법:

준비물
가면 틀, 쿠킹 포일, 한지, 밀가루 풀, 물감, 붓

1

가면 틀을 준비하고 틀 위에 쿠킹 포일을 전체적으로 입혀. 쿠킹 포일은 틀과 한지가 달라붙는 것을 방지하는 효과가 있어.

2

포일 위에 붓으로 밀가루 풀을 잘 펴 바르고 한지를 조각내 붙여. 이때 한지를 겹쳐 코와 입을 입체적으로 만들어 붙여 주거나 색지를 이용해 눈, 코, 입을 표현해 주어도 좋아.

3

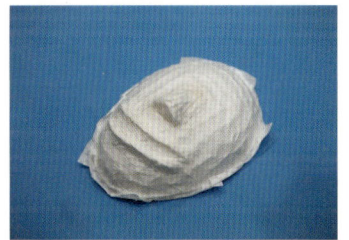

한지를 3~4겹 정도 바른 다음, 자연 건조시켜 단단히 만들어.

4

단단해진 한지를 틀과 분리하고, 가면에 물감과 다양한 재료로 여러 가지 표정을 그려 보는 거야. 지금 네 기분이 어떤지를 그려 보는 것도 재미있겠지?

2 조각과 그림

■ 수록 작품

앙투안 루이 바리 〈사자와 뱀〉 1835년, 22×32cm, 파리 루브르 박물관 (31쪽)
장 밥티스트 카르포 〈춤〉 1865~1869년, 파리 오페라 극장 (33쪽)
장 프랑수아 뤼드 〈의용군의 출정〉 파리 에투알 개선문 (34쪽)
잔 로렌초 베르니니 〈아폴론과 다프네〉 1622~1625년, 높이 243cm, 로마 보르게세 미술관 (36쪽)
장 에티엔 리오타르 〈아폴론과 다프네〉 1736년, 암스트르담 레이크스 뮤지엄 (36쪽)
클로드 모네 〈양산〉 1886년, 131×88cm, 파리 오르세 미술관 (38쪽)
프락시텔레스 〈도마뱀을 죽이는 아폴론〉 파리 루브르 박물관 (39쪽)
프락시텔레스 〈아프로디테 두상〉 기원전 330년경, 보스턴 조형 예술 박물관 (40쪽)
오귀스트 로댕 〈다나이드〉 1889년경, 조각, 대리석, 로댕 미술관 (41쪽)
〈잠든 헤르마프로디테〉 고대 그리스의 원작을 기원후 2세기에 모각, 길이 169cm, 파리 루브르 박물관 (45쪽)

작업복을 입은 로댕의 초상 사진이야.

로댕은 **근대의 마지막 조각가** 그리고 **최초의 현대 조각가**라는 별명을 가지고 있어. 근대와 현대의 구분을 무 자르듯이 정확하게 나누기는 어려워. 근대와 현대는 시대를 구분하는 개념으로 쓰지만, 흔히 전통과 혁신을 대신하는 말로도 사용하고 있거든. 보통은 르네상스부터 19세기까지를 근대, 20세기부터를 현대라고 부르는 것이 일반적이지. 역사책에서 시기를 특정하지 않고 '세기말'이라고 하면 19세기 말, '세기초'라고 하면 20세기 초를 가리킨다고 해. 로댕은 1900년을 기점으로 생

애의 전반부와 후반부가 양쪽으로 걸쳐 있으니 어찌 보면 근대와 현대를 가로지르는 삶을 살았다고 해도 좋을 것 같아.

　로댕이 처음부터 조각가였던 건 아니야. 어릴 적에 그림 그리기를 좋아했고 또 무척이나 조각가가 되고 싶어 했지만, 정규 조각가 양성 과정이 있는 에콜 데 보자르(프랑스 국립 미술학교)에 응시했다가 잇달아 미끄러지는 바람에 어쩔 수 없이 프티 에콜(프랑스 국립 공예실기학교)에 진학해야 했대. 프티 에콜에서는 보자르와 달리 예술품이 아니라 실생활에 소용되는 물건들, 그러니까 가로등이나 철제 난간, 철제 문짝 등을 만드는 법을 가르쳤다고 해. 예술가를 양성하는 정식 교육기관은 아닌 셈이지. 하지만 로댕은 조각가의 꿈을 접지 않았어. 루브르 박물관을 틈나는 대로 드나들며 독학으로 꾸준히 작품을 만들었어. 그리고 전시회에 자기 작품을 출품하기 시작하면서 차츰 주위에서 인정을 받기 시작했지.

　그 당시 루브르 박물관은 관람객뿐 아니라 미술을 공부하는 사람들에게 널리 개방되어 있었어. 미술 작품을 모사하고 공부하려는 사람들에게 나이와 경력 구분 없이 누구에게나 여러 가지 편의를 제공하고 있었어. 그래서 박물관이 소장하고 있는 걸작들을 아무나 자유롭게 드나들면서 감상하고 또 연구할 수 있는 분위기였지. 루브르 전시관은 예술가가 되고 싶은 병아리 작가들이나 가난한 예술 애호가들에게는 온갖 탐스러운 과일나무들이 미소 짓는 지상낙원과 다름없었다고 해.

　로댕은 미켈란젤로나 베르니니처럼 서양미술의 역사에서 손꼽는 중요한 조각가로 이름이 알려져 있어. 오늘날 조각가들은 작품 재료로 첨단 재료부터 쓰레기에 이르기까지 안 쓰는 게 없지만, 19세기의 조각가는 청동과 대리석이 작품의 주재료였어. 물론 값싼 점토로 성형*을 해서 완성된 작품의 느낌을 미리 확인하지. 그다음에 비싼 재료인 청동으로 굽거나 대리석을 잘라서 깎아 내는 순서였어. 또 작품을 전시회에 출품할 때에는 석고 작품이 청동 작품처럼 보이도록 초록색 물감을 발라서 내놓는 것이 관례였어. 가령 파리의 오르세 미술관에 전시된 조각 작품들은 겉보기엔 영락없이 청동 재료인데 손가락으로 튕겨 보면 쇳소리가 울리지 않고 흙을 때리는 것처럼 툭툭 소리가 나는 경우가 많아. 작품 설명을 보면 '석고에 색칠'이라고 써 있지. 왜 그랬을까? 작가들이 전시에 청동 작품을 출품하지 않고 석고에 색칠을 해서 내놓은 이유가 궁금하지?

*성형(成形)
모양을 만듦.

동물 조각으로 유명한 앙투안 루이 바리의 〈사자와 뱀〉이란 작품이야. 이 조각상도 석고에 색칠했다고 해.

가령 어떤 조각가가 사자상을 출품했다고 치자. 그리고 운 좋게 구매자가 나타났어. 부유한 후작 부인인 구매자는 전시장에서 발견한 사자상이 마음에 꼭 들었어. 그런데 기왕이면 청동보다는 대리석으로 만들면 더 낫겠다고 생각했어. 또 전시된 작품보다 크기도 더 컸으면 싶은 거야. 후작 부인은 사자상을 자기 별장에 있는 정원의 분수대 장식으로 쓸 작정이었거든. 구매자인 후작 부인은 사자상을 출품한 작가를 불러서 이렇게 요구했어.

"작가님이 출품한 사자상이 매우 마음에 들어요. 작가님 같은 천재 조각가를 왜 진작 몰라보았을까요? 그런데 사자 크기를 두 배로 키우고 청동 대신에 대리석으로 두 점 만들어 주실 수 있나요? 가격을 후하게 쳐 드릴게요. 사자 두 마리를 분수대 앞에 서로 마주 보게 세워 두면 좋을 것 같아서요. 서로 마주 보게 사자 하나는 머리 방향을 반대로 바꿔 주시고요."

작품 주문은 대개 이런 식으로 진행되었어. 그러니 작가로서는 전시에 출품할 작품을 비싼 재료로 만들 이유가 없겠지. 어차피 관람자나 구매자에게는 작품의 느낌만 전달하면 되니까. 그래서 전시 심사위원회에서도 가난한 작가들을 배려하는 차원에서 석고 조각을 초록색으로 칠해 출품해도 된다고 허락했던 거야.

조각은 무엇일까?
그리고 조각가는 어떤 작업을 하는 예술가일까? 전통적인 미술사에서는 건축과 회화, 조각을 3종 예술이라고 묶어서 다루고 있어. 3종 예술의 아버지는 '소묘'니까, 소묘가 낳은 세 딸인 셈이지. 건축, 회화, 조각의 장르는 서로 다르지만 셋은 아버지 소묘를 모시는 자매 사이이기 때문에 뗄 수 없는 혈연관계라고 생각했어. 세 분야 모두 기초 과정에서 소묘의 기술을 습득해야 한다는 점에서 3종 예술이 소묘의 자식이라는 건 퍽 수긍이 가는 주장이지.

〈춤〉이 파리 오페라 극장을 더욱 아름답게 꾸며 주고 있는 것 같니?

조각의 역사를 훑어보면, 조각은 오랫동안 건축에 종속되어 있었어. 그러니까 조각 작품이 좌대 위에 독립적으로 전시되기 전에 건축물의 장식으로 활용되었다는 뜻이야. 지금도 루브르 박물관의 외관이나 중세 고딕 대성당 안팎에 붙어 있는 수많은 조각 작품들을 보면 조각이 건축물의 장식에서 시작되었다는 사실을 확인할 수 있지.

여기서 장식이란 무엇일까? 장식은 '덧붙이는 아름다움'이란 뜻이야. 사물의 본질적인 가치가 아니라 어떤 것에 덧붙어서 그것을 아름답게 꾸며 주는 수단이라는 의미지.

로댕이 활동하던 시기에는 조각의 정의가 뚜렷하지 않았어. 그리고 조각의 독립적인 지위가 여전히 어중간했나 봐. 로댕의 스승인 장 밥티스트 카르포(Jean Baptiste Carpeaux, 1827~1875)는 파리 오페라 극장 건축의 정면부에 장식 조각 〈춤〉을 붙였어. 건축을 아름답게 꾸미는 조각 작품을 제

〈의용군의 출정〉은 프랑스의 승리를 기념하는 개선문의 상징이야.

*부조
한쪽 방향에서 볼 수 있도록 만든 반입체 조소.

작한 거야. 로댕의 또 다른 스승 프랑수아 뤼드(Francois Rude, 1784~1855)는 파리 에투알 개선문 정면부에 〈의용군의 출정〉 부조*를 장식했어. 힘찬 진군의 팡파르에 맞추어 진격하는 순간을 담은 작품이야. 로댕의 스승 두 명 모두 건축 장식으로서 조각 작품의 한계에서 벗어나지 못했던 것을 알 수 있어. 그러던 것이 로댕에 이르러 서서히 달라지기 시작했어. 조각의 역사가 건축물의 장식에서 벗어나 독립 조각으로의 흐름을 주장하게 되지. 바로 이 부분이 로댕의 훌륭한 점이야. 로댕이 이루어 낸 조각의 독립성을 우리는 근대와 현대 조각의 다른 점 가운데 하나로 꼽아도 좋을 것 같아.

건축물에서 떨어져 나와 자유를 얻자 조각은 회화의 가장 큰 경쟁자가 되었어. 조각과 회화가 서로 닮은 점이 많기 때문이었어. 3종 예술을

조각이 독립적인 작품이 아닌, 건축의 장식으로 이용되었어.

비교해 보면, 건축은 기본적으로 공간을 다루지. 그리고 튼튼하고 아름답고 실용적이어야 한다는 건축의 기본 조건을 벗어나기 어려워. 하지만 건축에 비해서 회화와 조각은 둘 다 재현 미술이라는 공통점이 있어. 또 조각과 회화는 건축과 달리 재료 사용이 자유롭고 또 상상력의 제약이 덜하다는 장점도 가지고 있지.

'재현'한다는 것은 드러내고 표현한다는 뜻이야. 즉, 재현 미술이란 실재하는 것부터 시작해서 상상할 수 있는 것에 이르기까지 모든 형태를 눈에 보이는 것, 또 만질 수 있는 것으로 바꾸어 내지. 가령 화가와 조각가는 비너스나 삼미신을 붓으로 그리거나 대리석으로 깎을 수 있어. 또 상상의 산물인 스핑크스나 켄타우로스도 재현할 수 있지. 보이는 것과 보이지 않는 모든 것이 재현의 대상이야. 물론 화가는 평면에 색을 사용해서 형태를 그려 내고, 조각가는 무르거나 단단한 재료를 가지고 삼차원적 조형을 빚어 내지만, 이건 기법과 재료의 차이일 뿐 재현 대상이나 주제의 차이는 아니거든.

두 작품 모두 아폴론과 다프네를 다루고 있지만 그림으로 표현하는 것과 조각으로 표현하는 데에 따라서 차이점을 느낄 수 있어.

그렇다면 **조각이 회화와 다른 점**은 무엇일까? 공통점과 차이점을 비교하면서 우리는 3종 예술의 각 장르가 가지고 있는 재현과 표현의 가능성을 알 수 있어. 우선, 회화 예술인 그림은 벽에 걸어 두는 게 일반적이야. 벽에 걸린 그림은 그림을 정면에서만 감상할 수 있겠지. 그림을 뒤집을 순 없을 테니까. 한편, 조각은 앞쪽, 뒤쪽, 왼쪽, 오른쪽, 위쪽, 아래쪽 어느 방향에서나 작품을 감상할 수 있어. 회화가 감상자의 고정 시점을 요구한다면 조각은 감상자의 시선을 구속하지 않는다는 차이가 있지. 또 회화 작품이 쉽게 불에 타거나 파손 위험에 약한 반면에, 조각 작품은 상대적으로 내구성이 좋은 편이야. 어떤 그림이라도 한 달 동안 햇빛에 노출시키면 색이 다 날아가 버리고 말 거야. 물감은 강한 빛에 취약하기 때문이지. 하지만 조각은 야외에 전시해도 어지간한 악천후쯤이야 너끈히 견뎌 내지. 한편 조각의 경우 이 회화보다 재료를 다루기가 힘들고 기술적 어려움이 큰 것도 다른 점이야.

조각이 표현의 영역에서는 회화를 따라잡기 힘든 부분도 있어. 저녁노을이나 햇살이 투명하게 빛나는 꽃잎을 화가의 붓이 얼마든지 그려 내는 반면, 조각가의 끌*을 가지고는 그런 소재들을 도저히 재현하기 어렵겠지. 촛불에 은은히 빛나는 유리잔은 17세기 이후 정물 화가들이 즐겨 다루었던 단골 소재 가운데 하나야. 하지만 조각가는 아예 시도할 생각조차 못 하지. 유리에 망치질을 했다가는 와장창 깨지고 말 테니까.

조각 작품과 회화 작품이 가지고 있는 가장 본질적인 차이는 빛이야. 조각은 빛의 지배를 받지만 회화는 빛을 지배한다는 점에서 달라. 조각 작품은 대개 실체를 가지고 있는 삼차원 조형물로 제작되지. 그래서 조각 작품은 빛이 비치는 대로 빛의 방향에 따라 그림자를 매달고 다닐 수밖에 없어. 하지만 화가는 빛을 부리고 빛을 창조하지. 회화 작품 속에 달빛, 횃불, 촛불을 비롯해서 다양한 자연광과 인공광을 적절히 구사하면서 화면을 구성하고 인물을 배치해서 줄거리를 짜는 것이 화가의 임무야. 그래서 빛과 그림자를 다루는 기술은 오랫동안 회화의 자랑거리이자 조각의 치명적 약점이었어. 적어도 조각가들은 빛의 문제에 대해서는 화가들 앞에서 주눅이 들곤 했지.

로댕은 조각가이지만 화가 친구들이 많았어. 특히 인상주의 화가들과

*끌
구멍을 파거나 깎고 다듬는 데 사용하는 공구.

아주 가깝게 지냈어. 인상파 화가들은 아틀리에(화실)를 벗어나 야외로 작업 무대를 옮겨서 그림을 그렸다고 해. 이들은 캔버스와 이젤과 물감, 붓을 잔뜩 챙겨 들고 산과 바다, 파리를 관통하는 센 강변을 돌아다니며 빛의 작용과 효과에 대해서 연구했지. 인상파 그림 가운데 풍경화가 유달리 많은 것은 바로 이 때문이야. 야외 작업 덕분에 인상파 화가들의 화면도 놀라울 정도로 밝아졌어. 가령 로댕의 친구 모네가 야외에서 그린 〈양산〉이 빛을 듬뿍 받고 초록색 에메랄드처럼 눈부시게 빛나는 것은 앞선 시대의 아카데미 화가들의 칙칙한 그림에서는 상상도 할 수 없었던 사건이었어.

로댕은 인상주의 화가들의 작업을 관찰하고 또 작품들을 직접 수집했어. 그의 작업실에는 친구 화가들의 그림이 여럿 걸려 있었어. 로댕은 또래의 인상파 화가들이 그랬던 것처럼 빛과 재현의 문제에 대해 관심을 가졌어. 조각가로서는 드문 일이었어. 로댕은 마침내 여태껏 회화의 고유한 전유물이던 빛과 그림자의 문제를 조각의 영역에 끌어들이기 시작했지. 지금껏 조각 작품이 빛의 공격에 대해 수동적인 입장을 취해 왔다면, 앞으로는 조각이 적극적으로 빛을 튕기거나 흡고, 또 의도적으로 짙고 옅은 그림자를 생산한다는 전략이었어. 조형 작업에 회화적 요소를 채용하다니! 다른 조각가들은 정말 말도 안 된다고 생각했을 거야. 빛을 조형 요소로 수용하고 활용하려는 로댕의 시도

모네의 그림을 보니 우리도 눈부신 날 놀러 나가고 싶지?

는 조각 예술의 혁신을 가져올 엄청난 발상의 전환이 아닐 수 없었어. 여기서 '회화적 요소'란 미술에서 '조형적 요소'와 대립되는 개념이야. 이렇게 구분할 수 있어.

*연마
갈고 닦아서 표면을 반질반질하게 함.

회화적 요소	조형적 요소
윤곽선(경계)이 희미하다.	윤곽선(경계)이 뚜렷하다.
평면 위에 재현된다.	공간 속에 삼차원적 실물성을 구현한다.
색을 다채롭게 구사한다.	재료 본연의 색을 고집한다.
빛을 지배한다.	빛의 지배를 받는다.

도표에서 보는 것처럼 빛은 회화적 요소야. 하지만 로댕은 빛을 조형적 요소로 이용하고 싶었지. 로댕은 어떤 방법을 통해 빛을 활용했을까?

청동 조각은 대개 속이 비어 있어. 청동 기마상이나 청동 두상들은 속이 텅 빈 껍데기에 불과해. 아주 작은 소품 조각이 아니라면 말이야. 그러니까 청동 조각의 외부 형태를 이루는 것은 울퉁불퉁한 표면이야. 그 가운데 감상자가 보는 것은 오직 바깥 면이지.

청동은 재료를 잘 연마*하면 표면이 밝은 노란색으로 빛나는데, 녹이 슬거나 녹청을 입히면 빛을 흡수하는 초록색을 띠게 돼. 같은 청동 재료를 가지고 연마하느냐 녹청을 입히느냐에 따라서 전혀 다른 효과를 낼 수 있지.

사람의 피부처럼 매끄러울 것 같지 않니?

처리 방법에 따라서 짙은 갈색도 만들 수 있어. 또 조각 작품에 피막을 바르면 기름을 바른 것처럼 반질거리는 촉감도 가능해.

그렇다면 **청동과 대리석은 어떻게 다를까?** 청동은 고온에 녹여서 틀에 붓고 구워 내지만, 대리석은 바깥에서부터 깎아 내는 방식이야. 불필요한 부분을 제거하면 마지막에 형태가 모습을 드러내지. 끝이 다르게 생긴 여러 종류의 끌을 사용해서 대리석 재료 표면에 끌 자국을 만들기도 하고, 또 표면을 반들반들하게 연마하거나 왁스를 발라서 거울처럼 미끄럽게 만들 수도 있겠지. 왁스 처리를 안 하면 빛이 반투명한 대리석 안으로 스며들면서 재료의 미세한 입자가 신비롭게 반짝거리는데, 그럴 때는 대리석이 아니라 마치 사람의 살아 있는 피부처럼 말랑말랑하고 차진 느낌을 주기도 해. 사람의 피부와 흡사한 대리석 표면 처리는 고대 그리스 조각가 프락시텔레스(Ermis of Praxiteles B.C. 370?~B.C. 330?)가 발명한 기법으로 알려져 있어. 루브르 박물관에 있는 프락시텔레스의 대리석 조각을 로댕은 꿈에서도 외울 정도로 꼼꼼히 들여다보고 연구했어.

로댕의 걸작 〈다나이드〉는 여자가 알몸으로 엎드린 작품이야. 저주받은 운명의 주인공이 절망의 무게에 짓눌려 있는 모습을 이렇게 표현했어. 여기서 우리는 로댕의 작업 방

빛이 눈, 코, 입술의 윤곽선을 지우고
투명한 피부 속으로 스며드는 것 같아.

식을 관찰할 수 있어. 조각가가 하나의 주제를 다룰 때 대리석의 조형을 어떻게 구상하는지, 그리고 빛의 문제와 씨름해 어떤 해결을 얻어 내는지 살펴볼까?

〈다나이드〉는 팔다리를 모으고 납작하게 웅크리고 있어. 어깨 위로 물 항아리를 쏟으면서 제 머리카락을 강물 속으로 흘려보내는 것 같아. 도대체 무슨 저주일까? 신화에서는 다나이드의 아버지 다나오스가 끔찍한 범죄를 사주했다고 설명하고 있어.

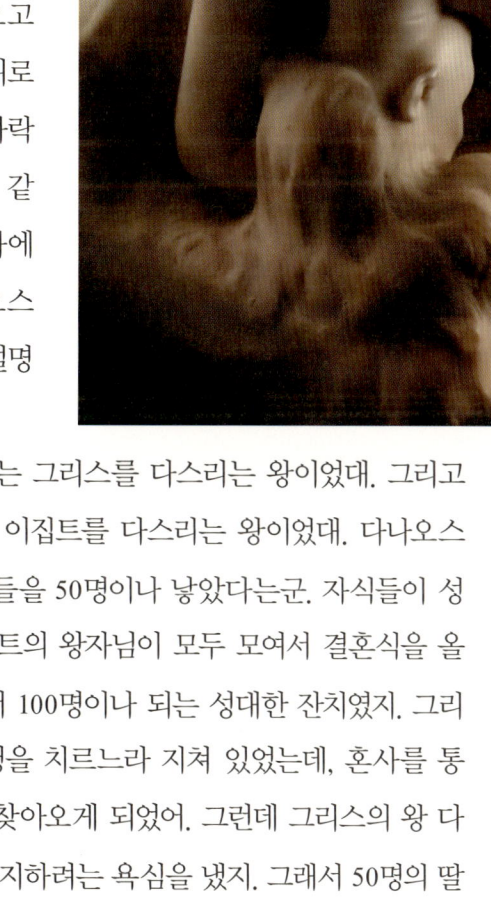

이전의 조각품들과는 다르게 인물의 얼굴이 전혀 보이지 않아.

다나이드의 아버지 다나오스는 그리스를 다스리는 왕이었대. 그리고 다나오스의 형제 아이깁토스는 이집트를 다스리는 왕이었대. 다나오스는 딸을 50명, 아이깁토스는 아들을 50명이나 낳았다는군. 자식들이 성장하자 그리스의 공주님과 이집트의 왕자님이 모두 모여서 결혼식을 올리기로 했어. 신랑 신부가 합쳐서 100명이나 되는 성대한 잔치였지. 그리스와 이집트는 그동안 오랜 전쟁을 치르느라 지쳐 있었는데, 혼사를 통해서 비로소 두 나라에 평화가 찾아오게 되었어. 그런데 그리스의 왕 다나오스는 이 세상의 권력을 독차지하려는 욕심을 냈지. 그래서 50명의 딸들에게 이렇게 교사했어. 첫날밤 침실에 든 신랑을 죽이라고 말이야. 이집트의 왕자들이 몰살하고, 아이깁토스 왕의 후계가 몽땅 끊어지면 이집트의 왕권은 저절로 다나오스의 차지가 될 거라는 속셈이었지.

　로댕은 다나오스의 딸 다나이드가 명부*에 떨어져서 밑 빠진 독에 영원히 강물을 채워 넣어야 하는 형벌을 받은 장면을 상상했어. 신랑을 살해한 죄목이었지. 물독에 구멍이 뚫려 있으니 밤낮으로 물을 채워 넣어도 소용이 없어. 로댕은 다나이드에게 내린 저주를 '절망'의 모습으로 그리기로 했어. 여기서 강물은 영원한 시간을 의미해.

　절망을 그린다라니, '절망'은 대체 어떤 얼굴을 가지고 있을까? 조형미술의 전통에서 '절망'은 흔히 늙고 지쳐서 쭈그러든 주름살투성이 할머니로 표현되곤 해. 전통적인 조형 작품 속 인물이 생기라곤 하나도 찾을 수 없는 우울하고 어둡고 찌푸린 표정을 짓고 있으면 '절망'을 표현한 거라 봐도 좋아. 하지만 다나이드는 늙은 노파가 아니야. 젊디 젊은 새 신부라는 점이 문제였어. 첫날밤 신부는 당연히 아름답고 생기 넘치는 육체를 가지고 있겠지. 미술 작품에 등장하는 절망, 불화, 저주, 질투, 악의와 같은 부정적인 추상개념들은 하나같이 추악하고 뒤틀린 외모를 가진 반면에, 사랑, 희망, 관용, 지혜, 진리, 절제와 같은 긍정적인 추상개념들은 젊고 아름답고 순수한 모습들이라는 사실을 로댕은 누구보다 잘 알고 있었지. 루브르 박물관은 그런 작품들로 가득 차 있었으니까.

　로댕은 신화에 등장하는 저주의 주인공 〈다나이드〉를 구상하면서 오직 인체의 움직임과 자세, 그리고 항아리와 강물이라는 소재밖에 손에 쥔 게 없었어. 그걸로 절망을 표현해야 했지. 다나이드가 할머니라면 간단했

*명부
사람이 죽은 뒤에
심판을 받는 곳.

을 텐데, 로댕은 난감한 상황에 처하게 된 거야. 일찍이 시인 보들레르는 「악의 꽃」에서 다나이드를 노래한 적이 있었어.

죽은 자의 피와 눈물을 넘치게 퍼 담아
일껏 시키먼 빈 물통에 채운들 헛일일세.
악마가 남몰래 속 깊은 물통 밑동에 구멍을 내서
수천 년의 땀과 수고가 다 새 나가지.

로댕의 〈다나이드〉를 볼까? 명부는 죽음조차 허용되지 않는 곳이야. 여기서 다나이드는 끝없이 물을 길으며 절망의 강물 속에 죄악의 기억을 풀어내야 해. 수천 년, 수만 년 동안 무한히 반복되는 무의미한 행동은 존재의 가치를 갉아먹고 마침내 무너뜨리는 법이지. 주인공은 물항아리를 엎고, 강물에 자신의 머리카락을 흘리고 있어.

하지만 로댕은 아버지 다나오스의 명령을 거부하지 못한 다나이드가 가여웠던 모양이야. 우리는 조각가 로댕의 손길이 닿았던 흔적을 따라서 다나이드의 등 위로 힘겹게 솟은 어깨뼈와 척추를 비껴 구불거리며 흘러내리는 빛의 흐름이 절망의 몸짓에 따라 멈추어서 물방울처럼 고이기도 하고, 또 후회로 들썩이는 피부의 능선을 따라 흘러내리며, 시간을 침식하고 씻어 내는 광경을 볼 수 있어. 다나이드의 젊고 싱그러운 몸뚱이의 모든 윤곽선들이 암맥*처럼 뒤엉켜서 펄떡거리다 차츰 대리석처럼 파리하게 식어 가는 비극적인 풍경을 우리는 결코 잊을 수 없을 거야. 인간의

*암맥
마그마가 다른 암석 사이에 뻗어 나가 굳은 줄기.

몸이 빚어내는 수천 가지 표정들을 우리에게 보여 주기 위해서 로댕은 다나이드를 알몸으로 재현한 것 같아.

빛은 로댕의 손가락 사이에서 샘솟고 계곡을 따라 물줄기를 만들며 흘러내려서 대리석을 후회와 절망으로 적시지. 조각가 로댕은 빛을 한 다발 움켜쥐고 치밀하게 계산된 표면의 굴곡 사이로 녹여 넣는가 하면, 숙련된 세공업자처럼 얇게 펴고 두들겨서 편평하게 발라 붙이기도 해. 대리석의 표면에 윤기와 생기를 불어넣고 또 우리의 시선을 예술과 현실의 경계 사이에서 밀고 당기며 제멋대로 구는 것은 다름 아닌 빛의 작용이야.

〈다나이드〉의 등이 만들어 내는 변화무쌍한 풍경을 통해서 옛 신화의 줄거리에 살을 붙이고 또 문학의 서사를 펼치는 것을 보면 로댕은 여간 재주꾼이 아니었던 모양이야. 일찍이 고대 로마의 라틴 시인 호라티우스(Flaccus Quintus Horatius, B.C. 65~B.C. 8)는 "우리는 웃는 사람을 보면서 같이 웃고, 우는 사람을 보면 덩달아서 눈물을 흘린다."라고 말했지. 그래서 호라티우스가 말한 "나를 울리고 싶다면 네가 먼저 울어라."라는 금언은 시인과 예술가의 중요한 제작 비결로 여겨지고 있어. 다시 말해 조형예술가에게 감상자를 설득하는 가장 효율적인 표현 수단은 작품의 주인공의 얼굴에 드러나는 희로애락의 감정이라는 뜻이야.

가령 오이디푸스가 테베의 여왕 이오카스테를 자기 어머니인 줄도 모르고 침대로 데리고 갈 때 관객들은 다가올 무서운 비극을 예감하고 혀를 찼지. 키르케가 오디세우스에게 교태를 부리며 유혹할 때 관객들은 못된 속셈을 알아차리고 눈을 흘겼어. 트로이의 늙은 왕 프리아모스가 그리스의 영웅 아킬레우스의 막사를 밤에 찾아와서 눈물을 흘리며, 장사를 지내려고 하니 제발 아들 헥토르의 시신이라도 돌려 달라고 울며 애걸할 때 관객들의 눈에서도 눈물이 흘렀다고 해. 작품 주인공의 웃는 모습을 통해서 감상자를 웃게 하고, 작품 주인공의 우는 모습을 통해서 감상자를 울게 하는 것보다 더 쉽고 편리한 방법은 없었으니까.

그런데 로댕은 수천 년 동안 검증된 안전한 방법을 무시하고 누구도 가지 않는 외로운 길을 선택했어. 대리석 다나이드를 엎드리게 하고 감상자들이 볼 수 없도록 주인공의 얼굴을 감춘 거야. 이로써 감상자는 눈이 아니라 다만 상상의 힘을 빌려서 다나이드의 감정을 복원하고 공감에 이를 수밖에 없게 되었어. 이건 조각가의 심술이었을까? 아닐 거야.

대리석을 자르고 끌을 쳐서 형태를 깎아 내기 전에 준비 작업으로 점토를 주무르면서 로댕은 차가운 흙에 자신의 체온을 불어넣었어. 그리고 형상을 꿈꾸는 재료의 목소리에 귀를 기울였지. 그의 손가락은 점토의 언어를 알아듣는 능력이 있었거든. 점토는 로댕에게 무슨 말을 건넸을까? 또 로댕은 어떻게 대답했을까? 조각가와 점토 사이에 어떤 대화가 오갔는지 우리는 알 수 없지만, 한 가지 분명한 것은 대리석 〈다나이드〉가 바로 점토가 조각가의 귀에 일러 준 그대로 빚어졌다는 사실이야.

로댕의 〈다나이드〉와는 달리 얼굴이 보이지?
고대 그리스 원작인 〈잠든 헤르마프로디테〉를
2세기에 모각 후 베르니니가
16세기에 복원한 거야.

미술놀이

회화와 조각은 둘 다 실제로 존재하는 것이나 상상할 수 있는 것을 눈에 보이는 형태로 만들 수 있는 재현 미술이야. 그런데 이 둘은 다른 점도 많아. 회화는 한쪽 면만 볼 수 있는 대신 조각은 사방에서 볼 수 있어. 하지만 회화는 빛과 그림자를 이용할 수 있지만 조각은 그럴 수 없어. 그럼 지금부터 회화와 조각이 혼합된 석고 부조 회화를 만들어 보며 회화와 조각에 대해서 이해해 보는 시간을 가져 볼까?

2-1. 조형적 요소와 회화적 요소가 혼합된 석고 부조 회화 만들기

활동 방법:

준비물
우드락 (두께 5mm), 글루건, 석고 가루, 고무 그릇, 나이프, 수채화 물감, 붓, 연필, 송곳

1

연필과 같은 뾰족한 도구를 사용해 우드락에 홈을 내며 원하는 그림을 그려.

2

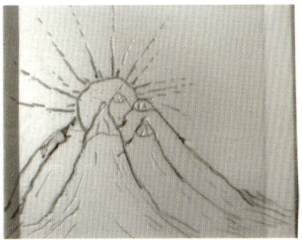

우드락의 가장자리 부분 3cm 정도를 칼로 자르고, 잘린 우드락을 그대로 세운 다음 글루건으로 붙여서 석고를 부을 수 있게 틀을 만들어 줘.

3

고무 그릇에 석고 가루와 물을 넣고 잘 저어 준 다음, 우드락 그림 틀 안에 3cm 높이로 평평하게 부어.

4

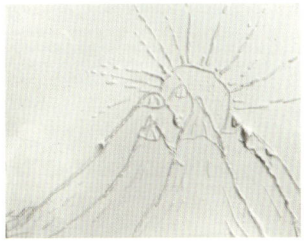

석고가 굳으면 우드락을 뜯어내고 그림 위에 물감을 칠하면 돼. 물감이 마른 뒤 날카로운 도구로 긁어내면 선을 추가로 그릴 수 있어.

조각은 빛이나 비, 눈에 강하지만 그것들을 작품에 이용할 수는 없었어. 회화에는 빛과 그림자를 이용해서 표현을 했지만, 조각은 그럴 수 없었지. 이 한계를 극복해 낸 사람이 바로 로댕이야. 로댕은 빛을 조각에 이용해서 더 깊이 있는 작품을 만들어 냈지. 좋은 조각가가 되기 위해서는 빛을 이용할 줄 알아야 해. 그러려면 우선 빛에 대해서 알아야겠지? 입체 상자 안에 반사 필름을 이용해 다양한 형태의 입체 조각을 만들어 넣고 빛을 투과해 색과 형태가 빛으로 인해 만들어지는 그림을 보고, 빛의 스펙트럼 효과를 만들어 보자.

2-2. 입체상자에 빛을 이용한 그림 그리기 (레인보 박스)

준비물
20x20x10cm가량의 입체 상자, 반사 필름, 투명 필름지, 양면테이프, 투명 트레싱지, 셀로판지, 딱풀, 칼, 가위, 테이프, 공예 철사

활동 방법:

1

투명 필름지에 셀로판지를 딱풀을 이용해 붙여. 그리고 상자의 아래쪽 면의 종이를 자르고 셀로판지가 붙은 투명 필름지를 아랫면 크기에 맞추어 붙여.

2

반사 필름을 원기둥, 하트, 사각, 삼각 등 다양한 형태의 입체 모양으로 만들어 줘. 이때 필름지 가운데 철사를 붙이면 원하는 형태로 쉽게 만들 수 있어.

3

다양한 형태의 입체 기둥을 윗면을 자른 상자 안에 채워 넣어. 입체 기둥을 상자 안에 가득 채우면 더욱 멋진 그림이 완성되지.

4

상자의 윗면에 투명 트레싱지를 크기를 꼭 맞추어 붙여 줘. 셀로판지가 붙은 아랫면에 빛을 비추고 상자 윗면으로 보면 트레싱지에 다양한 무지개 그림이 보이게 돼.

3 토르소

■ 수록 작품

아폴로니우스 〈벨베데레의 토르소〉 기원전 2세기 원작을 기원후 1세기 초에 모각, 높이 1.59m, 로마 바티칸 박물관 (55쪽)
리시포스 〈파르네세의 헤라클레스〉 기원전 4세기, 높이 3.17m, 나폴리 국립 고고학 박물관 (57쪽)
〈사티로스〉 기원전 480~470년, 직경 23.4cm, 아티카 적색상 도기, 파리 루브르 박물관 (57쪽)
〈필록테테스 부조〉 기원전 2세기 중반 이전, 메렌다 출토, 그리스 브라브로나 고고학 박물관 (57쪽)
〈자살하는 아이아스〉 기원전 400~350년, 에트루리아 적색상 크라테르 도기, 영국박물관 (57쪽)
미켈란젤로 부오나로티 〈메디치 영묘〉 1526~1531년, 피렌체 산 로렌초 (58쪽)
〈바르베리니의 파우누스〉 기원전 220년경, 높이 1.81m, 바로크 조각가 베르니니가 복원, 뮌헨 고전 조각관 (60쪽)
〈프리마포르타의 아우구스투스〉 기원전 17년경, 높이 2.03m, 로마 바티칸 박물관 (63쪽)
오귀스트 로댕 〈걷는 남자〉 1905년경, 조각, 청동, 213.5x71.7x156.5cm, 파리 오르세 미술관 (64쪽)
콘스탄틴 브랑쿠시 〈잠든 뮤즈〉 1910년, 브론즈, 27cm, 파리 국립 근대 미술관 (71쪽)

토르소는 원래 가지를 쳐 낸 통나무를 가리키는 말이야. 그런데 고대 조각 가운데 머리와 팔다리가 떨어져 나가고 몸통만 남아 있는 작품도 토르소라고 불렀어. 가령 고대 신전의 박공* 부분에 세웠던 대리석 신상들이 지진 때문에 굴러떨어지면 산산조각이 나겠지. 또 전쟁 통에 적군에 의해 파괴되기도 하고, 배에 조각 작품을 실어서 운송하던 도중에 실수로 넘어져서 팔다리가 부러지는 경우도 있었지. 대리석이나 석조 조각의 약점은 이처럼 외부의 충격에 약하다는 거야. 그에 비해서 청동 재료로 만든 작품은 끈기가 있어서 부딪히거나 엎어져도 토막 나거나 부러지는 일이 드물지. 심지어 완전히 망가진 다음에도 청동을 녹여서 대포나 종, 또는 촛대 장식 등으로 재활용할 수 있어. 하지만 대리석 조각은 한 번 깨지면 그걸로 끝이야. 잘게 부숴서 여기저기 쓸 막돌로 사용하거나 석회가마에 구워서 횟가루로 쓰는 수밖에 없었어. 대리석을 가마에 넣고 구우면 부들부들해져서 밀가루처럼 곱게 빻을 수 있는데, 여기에다 안료나 소의 피 따위를 섞어서 회벽 장식의 재료로 쓰는 일이 많았어. 예컨대 중세 시대 로마에는 교회 지붕보다 대리석 굽는 석회가마 굴뚝이 더 많았다니까 횟가루 장사는 꽤 괜찮은 사업이었나 봐.

토막 난 대리석 조각에서 나온 팔다리 부분은 대개 석회가마 신세가 되었지. 하지만 머리와 몸통의 경우, 상품성이 있다 싶으면 적당한 값에 팔 수 있었어. 유럽의 박물관에서 흔히 보이는 코가 떨어진 클레오파트라나 제우스 신상은 이런 식으로 살아남은 것들이야. 그러고 보니 19세기 러시아 작가 고골(Nikolai Gogol, 1809~1852)의 단편 소설 「코」가 생각나는군. 최초의 초현실주의 소설로 알려진 작품이지. 주인공 코발료프가 어느

*고대 신전의 박공 페디먼트(Pediment)라고도 함. 신전 건축의 가장 두드러지는 특색으로, 건물의 입구 위쪽과 지붕 사이에 위치한 삼각형의 마감장식을 한 건물의 벽.

날 아침에 일어나 보니 자기 얼굴에 코가 없어졌더라는 거야. 코는 남성성의 상징이자 명예, 위신, 체면, 자존심을 나타내는 중요한 기관인데, 코는 간 곳 없고 코 떨어진 자리가 상처도 없이 마치 칼로 잘라 낸 버터처럼 미끈하니 미칠 노릇이지. 기발한 소재가 아닐 수 없어.

고골은 얼토당토않은 풍자와 기상천외한 해학을 통해서 주인공 코발료프가 고리타분한 일상과 앞뒤 꽉 막힌 관료 사회의 장벽 사이에서 좌충우돌하며 포복절도할 불협화음을 일으키는 장면들을 서술하고 있어. 아마 작가 고골은 페테르부르크에 전시된 고대의 '코 떨어진' 두상 조각을 보고 소설의 영감을 얻은 것 같아.

토르소, 그러니까 고대 조각의 대리석 몸통 가운데 가장 유명한 것은 바티칸 박물관에 있는 〈벨베데레의 토르소〉야. 로댕은 1875년에 로마를 처음 방문했을 때 이 토르소의 아름다움에 사로잡혀서 눈을 떼지 못했다고 해. 이 작품은 15세기 초에 콜로나 가문 소유의 영지에서 발굴된 뒤, 여러 소장처를 거쳐서 16세기 초부터 바티칸으로 옮겨졌대. 바티칸의 벨베데레 조각 공원에 전시되어서 많은 르네상스와 바로크 조각가들에게 조형 교과서 역할을 했고, 그래서 작품 이름이 〈벨베데레의 토르소〉로 불리게 되었다고 하지.

단편 소설 「코」를 쓴 니콜라스 고골이야.

〈벨베데레의 토르소〉의 주인공은 누구였을까? 또 어떤 신화를 감추고 있는 걸까? 대리석 조각의 주인공은 벼랑 바위에 앉아서 육중하고 우람한 상체를 앞으로 웅크리고 있어. 그런데 자세히 보면 엉덩이 밑에 동물 가죽을 깔고 있어. 몸통에서 지체가 부러져 나간 부분을 분석해 보면 팔다리와 머리가 어떤 방향으로 무슨 자세를 취했을지 얼추 짐작할 수 있지. 하지만 얼굴의 생김새와 표정, 그리고 몸동작의 의미에 대해서는 전혀 오리무중이야.

〈벨베데레의 토르소〉는 혹시 헤라가 낳은 뛰어난 영웅 헤라클레스가 아닐까? 그럴 가능성이 충분해.

토르소의 등 뒤를 보면 엉덩이 위에 구멍이 하나가 있는데, 만약 거기에 꼬리가 붙어 있었더라면 반인반수의 괴물로 알려진 사티로스일 수도 있겠지. 그런데 엉덩이 쪽에 난 구멍을 정확히 관찰하면 정중앙의 척추선에서 살짝 옆으로 비켜나 있는 것을 확인할 수 있어. 이건 좀 이상해. 또 고대의 조각가들은 꼬리를 따로 만들어서 몸통에 붙일 경우 구멍을 파지 않고 대리석 덩어리를 크게 잘라서 끼워 맞추는 방법을 사용했지. 일종의 작업 관례였어. 그런 점에서 〈벨베데레의 토르소〉가 과연 사티로스가 맞을까 의구심을 보이는 학자들도 많아.

세 번째 가능성은 필록테테스라는 거야. 가장 찬성표를 많이 얻었지. 필록테테스는 헤라클레스

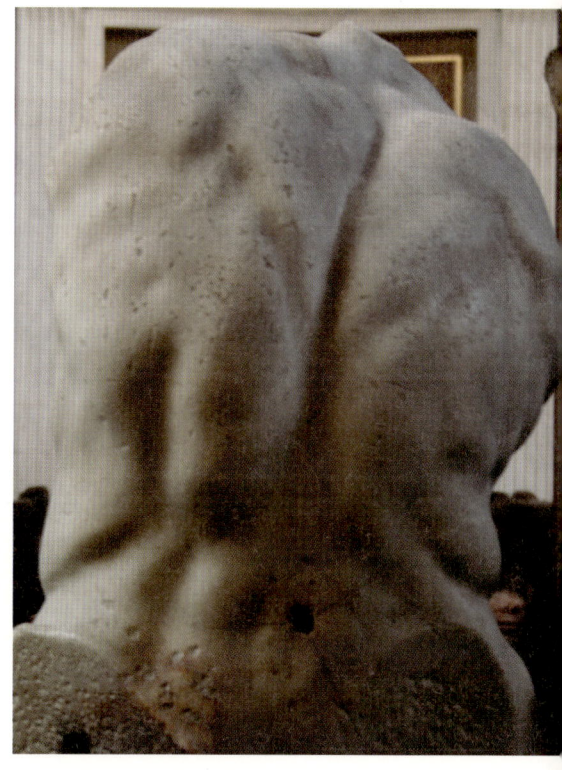

엉덩이 위에 난 구멍이 보이니?

의 친구야. 헤라클레스는 히드라의 독이 묻은 옷을 입고 몸이 타오르자 고통에 못 이겨 죽음을 결심했어. 헤라클레스가 오이타 산에 장작을 쌓고 죽음을 청할 때 장작더미에 불을 붙여 준 인물이 바로 필록테테스였어. 다른 사람들은 헤라클레스가 무서워서 다 도망갔는데, 필록테테스 혼자 용기를 낸 거지. 헤라클레스는 고마움의 표시로 자기가 사용하던 활을 필록테테스에게 물려주었다고 해.

그런데 나중에 트로이 전쟁이 발발했을 때, 필록테테스가 동료들과 함께 배를 타고 가다가 중간에 잠시 들른 렘노스 섬에서 실수로 독뱀에게 물리고 말았어. 독이 스며든 상처는 좀처럼 낫질 않았대. 필록테테스가 울부짖는 비명 소리에 돛이 흔들릴 지경이었어. 썩어 가는 상처에서 악취가 진동하자 동료들은 상의 끝에 필록테테스를 섬에 버리고 떠났지. 〈벨베데레의 토르소〉는 그리스 신화에서 '렘노스 섬에 버림받은 필록테테스'의 소재로 알려졌고, 수백 년 동안 많은 화가와 조각가들이 필록테테스의 주제를 재현할 때는 반드시 바티칸에 있는 〈벨베데레의 토르소〉 자세를 인용했어.

마지막으로 〈벨베데레의 토르소〉의 주인공이 필록테테스가 아니라 아이아스라는 주장도 나왔어. 가장 최근의 주장이야. 아이아스는 트로이 전쟁에 출전한 그리스군의 영웅으로, 친구 아킬레우스가 죽은 다음에 그의 무구*를 누가 차지할 것이냐를 두고 오디세우스와 경합했다가 패배했다고 해. 그리고 부끄러움과 서운함을 이기지 못하고 검으로 자신을 찔러서 자살하는데, 〈벨베데레의 토르소〉는 아이아스가 칼과 칼집을 양손에 나누어 들고 탄식하며 앉아 있는 순간을 재현했다는 거지. 바티칸 토

*무구
전쟁에서 쓰는 여러 가지 도구를 통틀어 이르는 말.

〈파르네세의 헤라클레스〉　　　　　　　　〈사티로스〉

〈필록테테스 부조〉　　　　　　　〈자살하는 아이아스〉

〈벨베데레의 토르소〉의 원래 인물이라고 추정되는
헤라클레스, 사티로스, 필록테테스, 아이아스의 그림이야.
원래 주인공은 누구일까?

르소가 아이아스라는 주장은 실제로 이를 뒷받침할 여러 실물 증거들이 잇달아 발굴되면서 꽤 힘을 얻고 있어. 논의와 논쟁이 되풀이되고 있지만 〈벨베데레의 토르소〉가 누군지는 여전히 속 시원하게 밝혀지지 않았어. 물음표만 자꾸 늘어나고 있는 실정이지. 작품의 정체만 밝힐 수 있다면 악마에게 영혼이라도 팔겠다는 게 고고학자들의 솔직한 심정이야. 그렇지만 왜 이런 일이 일어나는 걸까?

이 작품이 바로 '토르소'이기 때문이야. 정체를 확인할 단서가 될 만한 것들이 다 떨어져 나가서 추측의 근거가 사라져 버렸으니, 학자들은 어디서 시작해야 할지 종잡을 수 없게 된 거야.

미켈란젤로가 제작한 〈낮의 알레고리〉 가운데 등짝을 〈벨베데레의 토르소〉에서 빌려 왔어.

〈벨베데레의 토르소〉에는 또 이런 일화가 남아 있어. 르네상스 인문주의 교황으로 로베레 가문 출신인 교황 율리우스 2세가 어느 날 조각가 미켈란젤로를 불렀대. 몸통만 남아 있는 고대의 토르소에 머리와 팔다리를 만들어 붙여 달라는 부탁이었어. 미켈란젤로도 교황 성하* 못지않게 이 토르소를 좋아했어. 미켈란젤로가 피렌체 산 로렌초 교회의 메디치 영묘를 위해 제작한 〈낮의 알레고리〉, 그리고 바티칸 시스티나 경당의 서쪽 벽면을 장식하고 있는 〈최후의 심판〉에 등장하는 〈성 바르톨로메오〉가 바로 〈벨베데레의 토르소〉를 그대로 가져다 쓴 사례야. 고대 조각에 대한 고마움을 표현한 거지. 하지만 토르소에다 떨어져서 없어진 머리와 팔다리를 다시 붙여서 복원하는 작업은 엄청난 상상력과 고도의 숙련을 요구하는 난해하기 짝이 없는 임무였어. 고대 그리스 조각의 본질과 원리에 대한 깊은 이해가 없다면 엄두를 낼 수 없었지. 교황 율리우스 2세는 딱 한 사람, 그런 일을 수행할 적임자를 알고 있었어. 바로 미켈란젤로!

미켈란젤로는 교황의 부탁을 듣고 흥분과 절망이 뒤범벅된 고통스러운 며칠을 보냈어. 그리고 핼쑥해진 얼굴로 교황을 만나 이렇게 말했대.

*성하
교황을 높여 부르는 말.

"성하, 저의 보잘것없는 능력으로는 도저히 토르소를 복원할 수 없습니다. 토르소에 무언가를 덧붙이는 순간, 토르소의 아름다움이 그만큼 줄어들고 말 테니까요. 지금 상태로 가만히 놓아두는 것이 토르소가 가진 최상의 아름다움을 다치지 않고 보존하는 유일한 길이라고 생각합니다."

율리우스 2세는 일견 섭섭했지만, 미켈란젤로의 진심을 읽고 고개를 끄덕였어. 오늘날 우리가 르네상스 시대의 미적 감각으로 덧칠되지 않은 고대 토르소의 순수한 아름다움을 그 자체로 감상할 수 있게 된 것은 오로지 미켈란젤로의 덕분이야. 비록 팔다리와 머리가 없어서 허전하긴 하지만 말이야.

또 다른 토르소의 복원 사례는 독일 뮌헨의 고대 조각관에 있는 〈바르베리니의 파우누스〉야. 고대 그리스의 원작을 로마 군대가 약탈해 온 미술품이지. 로마 천사의 성에서 발견된 이 작품은 바르베리니 가문이 소장하고 있다가 빚에 쪼들려서 내놓은 것을 독일에서 사들였다고 해. 고대 조각은 발견 당시 오른쪽 다리, 양쪽 팔과 머리 일부가 훼손된 상태였는데, 마페오 바르베리니(Maffeo Barberini, 1568~1644) 추기경이 바로크 최고의 조각가 베르니니에게 부탁해서 현재 상태로 복원했지. 마페오 바르베리니 추기경은 훗날 교황 우르바누스 8세로 즉위해서 지동설을 주장한 갈릴레오를 종교재판에 회부했던 일로도 잘 알려진 인물인데, 고대 조각에도 무척 조예가 깊었다고 해. 어쨌든 추기경의 요청을 받은 천재 조각가 베르니니는 자신의 주특기인 바로크 취향으로 고대의 토르소 조각을 말끔하게 수선해 놓았어.

고대의 원작이 탄생한 기원전 3~2세기 헬레니즘 시대의 미술 양식이 17세기 바로크 양식과 쌍둥이처럼 닮은 덕에, 베르니니가 수행한 복원 작업은 나무랄 데 없이 완벽하다는 평가를 받았어. 그런데 바르베리니 가문이 복원된 작품을 독일

이 조각은 몸통과 머리만 남아 있던 토르소에
팔과 다리를 새로 만들어 붙여서 복원한 거야.
어때? 감쪽같지 않니?

에 팔 때 대리석을 꽁꽁 포장해서 로마에서 출발했는데, 알프스를 넘어오다가 수레가 덜컹대며 이리저리 부딪혔대. 그 바람에 뮌헨에 도착했을 때에 오른손 손가락, 왼팔, 왼발, 그리고 성기 끝부분이 깨져서 떨어졌고, 지금도 그대로 전시되고 있어. 고대 조각을 완성한 거장의 솜씨를 존중하고 토르소에 아무것도 손대지 않았던 미켈란젤로와 달리, 최고의 명성을 거머쥐려는 야심에 차 있던 베르니니는 토르소 복원 작업을 자신의 재능을 한껏 뽐낼 기회로 삼았던 거야.

　복원을 거부하고 자신을 낮춘 미켈란젤로와 보란 듯이 복원에 성공한 베르니니, 두 조각가 가운데 누가 더 옳은지 따지는 건 큰 의미가 없을 것 같아. 하지만 로댕이 베르니니보다는 미켈란젤로의 편에 섰다는 건 분명한 것 같아. 대리석으로 팔과 다리를 깎아서 다듬고 고대 토르소에 쇠 심을 박아서 붙이면, 인체 조각의 형상을 물리적으로, 또 시각적으로 완전하게 만들 수는 있겠지. 하지만 원작에 대한 자신의 견해를 유보하고 원작에 어떤 것도 보태거나 덜어 내지 않은 채 오직 감상자의 상상을 통해 원작의 온전한 가치를 복원하게 하는 것도 이에 못지않게 중요한 태도가 아닐까?

　토르소란 불완전한 것, 파괴되고 남은 잔재, 한때의 아름다움에 대한 사라진 회고의 파편으로 간주하는 시각이 19세기 조각가들 사이에 보편적이고 일반적이었다는 사실을 떠올리면, 토르소에 대한 로댕의 새로운 관점이 같은 시대의 사람들에게 얼마나 파격적이었는지 새삼 놀라지 않을 수 없어.

　뫼동에 있는 로댕의 작업실을 찍은 흑백 사진에는 로댕이 수집한 고대

로댕은 고대의 토르소를 연구하기
위해서 여러 점 수집했고, 작업실에 전시했어.

의 토르소를 여러 점 볼 수 있어. 지금은 오텔 비롱의 로댕 박물관에 옮겨져 전시되고 있지. 로댕은 자신이 수집한 토르소를 흙투성이 손으로 어루만지며 예술의 영감을 키웠을 거야.

〈걷는 남자〉는 고대의 토르소에서 영감을 얻은 로댕의 야심작이야. 앞선 작품과 비교해서 조형적 변화가 뚜렷하게 드러나는 작품이지. 이 작품은 토르소가 현대미술에서 하나의 조형 형식으로 자리매김하는 과정에서 중요한 징검다리 역할을 했어. 어떤 점에서 그랬는지, 또 이 작품이 어떤 과정을 통해 제작되었는지 살펴볼까?

로댕이 남긴 기록을 보면, 예전에 모델로 고용한 적이 있는 이탈리아인이 어느 날 깊은 시골에서 농사짓는 친구를 데리고 작업실에 찾아왔대. 장차 모델로 활동하고 싶다며 찾아온 그 젊은 농부 친구는 모델 교육을 한 번도 받은 적이 없는 완전 초보였는지 다짜고짜 옷을 훌러덩 벗더

〈프리마포르타의 아우구스투스〉는 한쪽 발에 체중을 몰아 싣고 있는 콘트라포스토의 원리를 잘 보여 주고 있어.

니 두 다리를 컴퍼스처럼 떡 벌리고 서는 거야. 로댕은 우습기도 하고 어이가 없었어. 지금까지 보아 온 모델들은 고대 그리스 조각처럼 우아하고 기품 있는 자세를 만들기 위해 거울을 보면서 연습해 온 사람들이었어. 그래서 반드시 한쪽 다리에 체중을 싣고 다른 다리는 젖히는 이른바 콘트라포스토 자세가 절대 불변의 원칙으로 통용되었지. 두 다리에 체중을 똑같이 나누면 나무젓가락처럼 뻣뻣하고 경직된 자세가 되지만, 한쪽 다리에 체중을 몰아주면 인체의 상하좌우에 리듬이 생기면서 알파벳 에스(S)자를 만들 수 있어. 바로 미켈란젤로가 '모든 천상적인 아름다움의 근원'이라고 말했던 자세지. 하지만 아브루치 시골 출신의 이탈리아 농부가 고전 미술의 정수로 일컫는 콘트라포스토의 원리를 배웠을 리가 없었어.

로댕은 자기도 모르게 피식 웃음이 터져 나왔지만 이내 말로 표현할 수 없는 끌림을 느꼈어. 다듬어지지 않은 야성, 평생 동안 대지를 밟으며 대화했던 억센 두 다리, 온몸에서 끓어오르는 더운 열기, 삶과 자연의 순수한 에너지를 대면한 자신의 손이 저도 모르게 떨리는 것을 느꼈지. 로댕은 젖은 점토를 떼어 내서 곧장 작업에 착수했어.

완성된 작품은 〈걷는 남자〉라는 이름으로 전시에 출품되었어. 전시장에서는 일대 소란이 일어났지. 도자기처럼 매끈하고 사랑스러운 전시품들이 즐비한 가운데 머리가 떨어진 몸뚱이 하나가 뚱딴지같이 뚜벅뚜벅

걸어 다니고 있었으니 말이야. 야유와 조롱이 빗발쳤어. 대체 머리 없는 인간이 어떻게 서 있는지, 살덩이를 뜯어내서 피부가 너덜너덜해진 괴물을 과연 예술이라고 부를 수 있을지, 갖은 비난이 로댕에게 쏟아졌지. 그때 로댕이 나타났어. 전시장이 일순 조용해졌지. 로댕의 입술에 모든 시선이 집중된 순간, 로댕은 느릿느릿한 말투로, 하지만 단호하게 말했어.

뻣뻣한 자세에 그 시대 전시장이 술렁거렸대.

"걷는 사람이 두 다리면 됐지, 머리가 무슨 소용인가요?"

〈걷는 사람〉이라는 작품 이름은 의도된 것이었어. 헤라클레스나 헤르메스나 아폴론이 아닌 그저 '걷는 사람'이라니, 어떤 교훈도 줄거리도 신화도 역사도 다 털어 낸 토르소 작품에 그야말로 안성맞춤인 제목이었지.

여기서 잠시 눈을 돌려서 고대 그리스 조각가 페이디아스(Pheidias, ?~?)의 일화를 소개할까 해. 페이디아스는 아테네 파르테논 신전에 들어가는 아테나 여신의 신상을 만들었고, 또 올림피아 제우스 신전에 전시될 제우스 신상도 제작했어. 눈부신 걸작들이 많지만 무엇보다 신상 조각가로 기원전 5세기 고전기 황금시대를 아름답게 수놓은 거장이었지. 그런데 어느 날 사람들이 맹수 발톱을 하나 들고 와서 페이디아스에게 보여 줬대. 페이디아스는 그 발톱을 손에 쥐고 가만히 만져 보았어. 그러고는 순식간에 사자 한 마리를 만들어 낸 거야. 사람들이 가지고 온 발톱은 우리 속의 사자한테서 빠진 발톱이었어. 그런데 정말 놀랄 일은 그다음에 벌어졌어. 우리 속의 사자와 페이디아스가 제작한 사자 조각을 비교해 보니 머리부터 꼬리 터럭까지 크기와 생김새가 똑같았다는 거야.

페이디아스는 발톱 하나를 보고 그것이 사자 발톱이라는 사실을 알았고, 사자가 나이를 얼마나 먹었고, 암놈인지 수놈인지 구분을 하고 사자의 체구와 생김새까지 모두 재현해 낸 거지. 예술가의 이마에 나 있는 상상력의 더듬이가 얼마나 정교하고 예민한지 말해 주는 유명한 일화야. 여기서 '사자 발톱만 있으면'이라는 뜻의 '엑스 웅구에 레오니스(Ex Ungue Leonis)'라는 유명한 속담이 유래했다고 해.

독일 르네상스 회화의 정점을
이룬 뒤러의 자화상이야.

독일 뉘른베르크의 화가 알브레히트 뒤러(Albrecht Dürer, 1471~1528)의 공방에서도 비슷한 사건이 있었어. 예수님이 못 박힌 형상의 십자가 조각이 있었는데, 한쪽 팔이 부러졌대. 사람들이 부러진 팔 하나만 들고 뒤러를 찾아온 거야. 팔 한 짝에서 몸통이 자라고 다른 한쪽 팔과 두 다리, 그리고 머리가 솟아났어. 물론 뒤러의 상상 속에서 말이야. 뒤러는 머릿속에 떠오른 그림을 뚝딱 그려서 건넸고 사람들이 실제 조각과 비교해 보았어. 그림과 실제는 한 치도 어긋남이 없었다고 해. 고대와 근대의 예술가의 작업실에는 도대체 무슨 일이 일어났던 걸까? 어떤 힘이 예술가들에게 눈에 보이지 않는 것을 그토록 손쉽게 떠올릴 수 있도록 만들었을까?

페이디아스는 이렇게 말했대.

"그건 상상의 힘이야. 판타시아(fantasia, 상상)가 내 어깨에 날개를 걸어 줘서 내가 하늘 높이 날아오를 수 있었다네."

로댕의 〈걷는 사람〉은 고대 토르소에서 출발한 소재가 예술적 조형 장르로 성장해서 현대적 토르소의 발명에 도달하는 여정을 힘찬 걸음걸이로 보여 주고 있어. 조각가, 그리고 모든 조형 예술가에게 상상의 힘은 예술을 예술답게 만드는 원동력과 같아. 토르소에 감상자의 상상력을 더할 때 우리는 비로소 로댕의 의도를 완전하게 이해할 수 있어.

머리 없는 인간이 걸을 수는 없지. 그건 당연한 일이야. 하지만 현실과 예술이 꼭 일치할 필요는 없어. 만약 그래야 한다면 예술은 현실에 복종하고 현실의 명령을 따르는 노예나 다름없겠지. 예술은 현실과 달라도 좋아. 그게 예술의 흥미로운 부분이지. 예술은 현실을 세우거나 뒤집고, 토막 내거나 꿰매 붙이고, 드러내거나 지우면서 표현의 경계를 아코디언의 주름처럼 폈다 접었다 하며 가지고 놀지.

하지만 딱 하나, **고대의 토르소와 로댕의 토르소가 다른 점**이 있어. 그게 무엇인지 생각해 볼까?

고대의 토르소는 재난이나 사고, 또는 실수로 인해서 온전하게 구상되고 실현되었던 작품이 파괴되고 남은 몸통에 불과하다고 볼 수 있어. 하지만 로댕의 토르소는 작가의 의도에 따라 애초부터 팔이나 다리, 또는 머리가 없는 형태로 구상되고 실현된 작품이야. 로댕은 전체 조형에서 불필요하고 비본질적인 부분을 과감하게 덜어 내고 생략함으로써 드러내고 싶은 부분을 더욱 분명하게 강조하고 조명할 수 있게 되었어. 토르소의 원래 의미가 가지를 쳐 낸 나무의 몸통이라면, 조형의 잔가지를 쳐 냄으로써 작품의 생장이 촉진되고 표현력이 증강된다는 뜻에서 로

기원후 2세기경, 대리석으로 만든 아테나 신상 토르소야.

댕은 토르소의 진정한 의미를 완성한 셈이야.

화가와 조각가의 작업은 기본적인 차이를 가지고 있어. 화가들은 주로 화면에 구성을 짜고, 색채를 배열하고, 빛과 그림자의 상관관계를 효과적으로 표현하기 위해 애쓰지. 한편, 조각가는 재료의 특성을 이해하고 무형태의 덩어리에서 형태를 얻어 내기 위해 땀을 흘리지. 가령 점토를 성형하거나 대리석을 다룰 때 덩어리 재료부터 시작해서 형태의 본질에 접근할 때 조각가는 불필요한 부분을 덜어 내고 떼어 내는 과정을 반복해. 로댕의 〈걷는 사람〉은 형태의 본질뿐 아니라 조형의 순수에 이르기 위해 머리와 두 팔까지 포기했어. 그 대신 걷는 사람의 걸음걸이는 더욱 박진감과 역동성을 획득하게 되었지. 걷는 사람의 발걸음은 어디로 이어지게 되는 걸까?

〈걷는 사람〉을 제작한 이후에 로댕의 토르소는 더욱 대담해졌어. 하지만 세상에, 토르소라니! 인체 조형에서 표현이 집중되는 부분이 얼굴 표정과 팔다리의 움직임이라는 사실을 상기한다면 토르소는 정말 무모하기 짝이 없는 도전이야. 몸통의 굴곡과 피부 표면의 질감만으로 승부해야 하니 말이야. 하지만 로댕의 느리지만 꾸준한 발걸음은 조각의 역사에 새로운 길을 터놓았어. 그의 토르소는 신화와 역사를 관통하며 인간의 영혼의 가장 어둡고 구석진 귀퉁이부터 눈부시고 영광스러운 광채에 이르기까지 표현 영역을 한껏 넓혀 갔어. 사지와 머리가 다 떨어진 몸통만 가지고 말이야.

콘스탄틴 브랑쿠시(Constantin Brancusi, 1876~1957)는 루마니아 출신의 조각가야. 파리로 유학 와서 로댕의 작업실에 들어와 제자로 공부했지. 하

로댕의 후기 토르소 작품들이야.
과감하게 생략하고 표현한 것이 보이지?

로댕의 제자였던 브랑쿠시야.

지만 브랑쿠시는 곧 로댕의 품을 벗어나서 자신의 길을 가기로 결심했어. 로댕이라는 큰 나무의 그늘에서 햇빛을 마음껏 받기란 불가능했기 때문이야. 브랑쿠시는 로댕의 조형과 정반대의 길을 개척했어.

브랑쿠시의 〈잠든 뮤즈〉를 볼까? 이 작품은 최소한의 조형적 암시만으로 조각이 시적 여운을 얼마나 극대화할 수 있는지 보여 주고 있어. 로댕의 울퉁불퉁한 표면이 우리를 공격하고 흔들어 댔다면, 브랑쿠시의 매끄럽고 단순한 표면은 감상자의 감정을 어루만지며 스스로의 내면을 돌아보게 해.

로댕과 브랑쿠시가 스승과 제자였다니! 우리는 지금 조형의 극적인 진화를 목격하는 증인이야. 하지만 로댕이 〈걷는 사람〉에서 무모하게 시도했던 덜어 냄과 생략의 기법이 없었다면, 브랑쿠시의 〈잠든 뮤즈〉는 결코 탄생할 수 없었을 거야. 비본질적인 것을 버림으로써 표현의 극대화를 성취했다는 점에서 로댕은 브랑쿠시와 공통점을 가지고 있어. 고대의 죽은 토르소에 새로운 생명을 불어넣었다는 평가는 로댕의 권리겠지. 그것이 미술의 역사가 로댕을 '토르소의 발명자'로 부르는 이유일 거야.

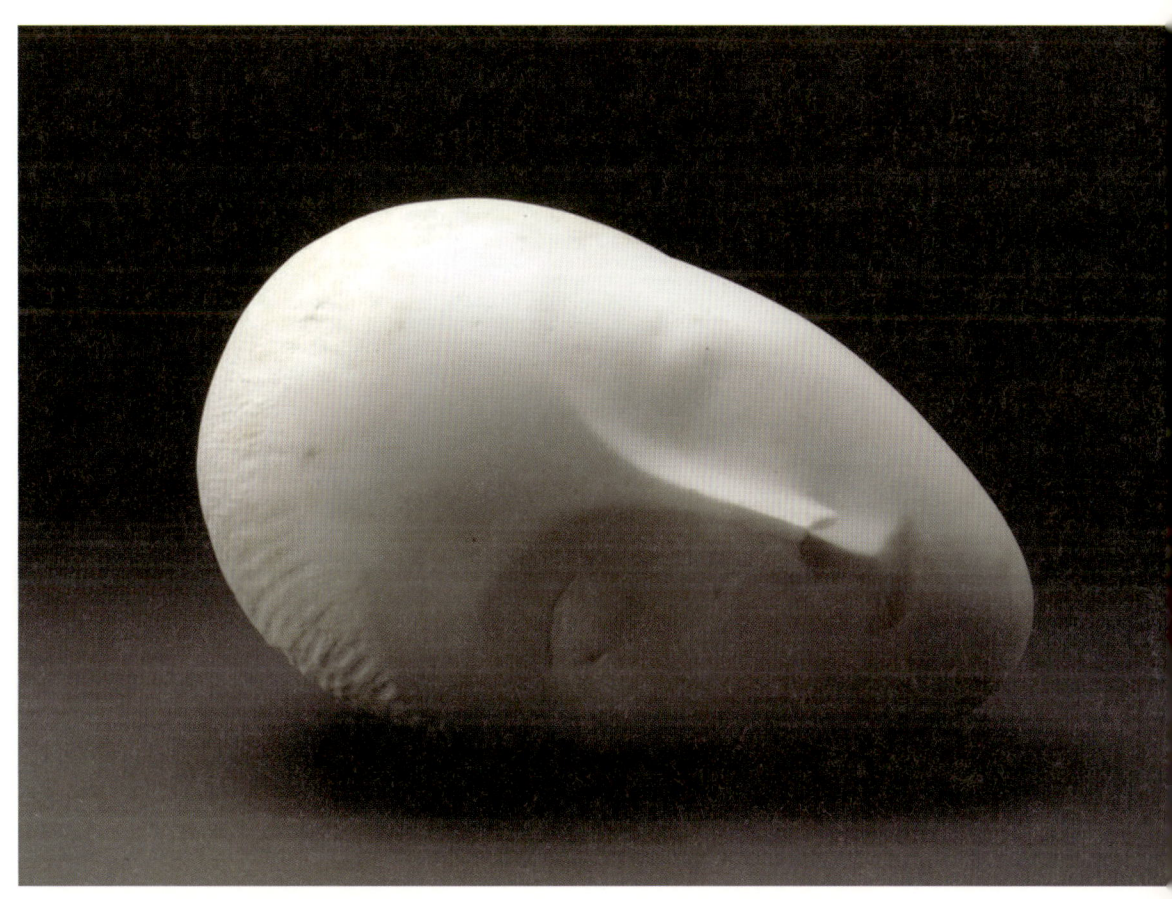

로댕의 제자인 브랑쿠시의 작품 〈잠든 뮤즈〉야.

미술놀이

19세기 조각가들은 얼굴, 몸통, 팔다리, 전체가 다 있어야 아름다운 작품이라고 생각했는데, 로댕의 **토르소**를 보면 어떤 부분이 없어도 훌륭한 예술 작품이 될 수 있다는 것을 알 수 있어. 토르소를 보며 많은 사람들은 잘려 나간 부분에 대해서 상상을 했겠지. 그런 의미로 보면 토르소는 감상자에게 상상력의 날개를 달아 주는 대단한 작품인 거지. 우리도 일부만으로 전체를 그려 보는 상상력 연습을 한번 해 보자.

준비물
철사, 니퍼, 신문지, 여러 색의 박스 테이프

3-1. 꼬리만으로 전체적인 동물의 모습 연상하기

다양한 동물의 꼬리 부분을 만들어 의자나 탁자 같은 사물들에 붙이고 전체적 동물의 형상을 연상해 봐. 일상적인 사물들도 재미있는 상상의 소재가 될 수 있어.

활동 방법:

1

철사를 길게 감아서 동물 꼬리의 뼈대를 만들어.

2

신문지로 뼈대 위를 감아 부피감을 줘. 박스 테이프로 신문지를 다시 한 번 단단히 붙여 고정시켜.

3

다양한 색의 박스 테이프를 이용해 화려한 동물의 무늬를 표현해 봐.

4

완성된 동물의 꼬리를 어울리는 주변의 사물들에 부착해 봐. 꼬리가 붙여진 사물을 통해 동물의 전체적인 형상이나 느낌을 연상해 보자.

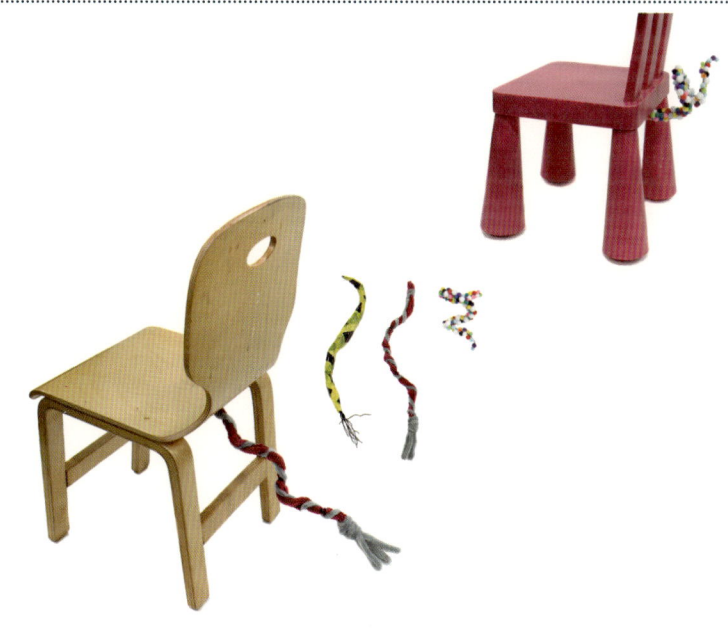

3-2. 모빌 만들기

큰 원 안에서 시시각각 변하면서 움직이는 모빌을 만들어 볼 거야. 동적인 요소와 정적인 요소를 구성하며 비례감, 통일감, 변화, 균형을 체험하는 시간을 가져 봐.

준비물: 우드락, 연필, 우드락 커터기, 칼, 송곳, 낚싯줄, 표현 도구 (아크릴물감, 유성매직 등)

활동 방법:

1
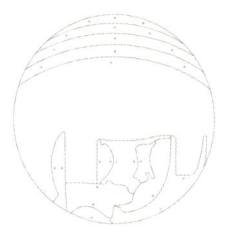
우드락을 커다란 원형으로 자른 뒤 그림을 올려놓고 연필로 꾹 눌러 따라 그려.

2
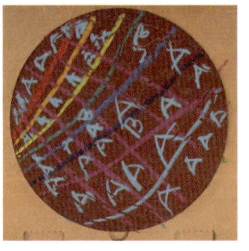
뒷면에 물감이나 매직 등 표현 도구를 이용해 그림을 그려.

3

앞면에 연필로 그린 그림을 우드락 커터기와 칼을 이용해 오려 동물들과 지지대를 살펴봐. 그리고 동그란 구멍 표시에 송곳으로 구멍을 내.

4

동물들의 뒷면을 동물의 특징을 생각하며 꾸며 주고 낚싯줄로 원하는 곳에 매달면 완성!

추함의 발명 4

■ 수록 작품
안토니오 카노바 〈아모르와 프시케〉 1793년경, 조각, 대리석, 168x155cm, 파리 루브르 박물관 (77쪽)
장 밥티스트 카르포 〈소라에 귀를 대고 있는 소년〉 1861년, 높이 47cm, 워싱턴 국립미술관 (79쪽)
도이달사스 〈웅크린 비너스〉 기원전 3세기의 원작을 기원전 2~1세기에 모각, 높이 96cm, 파리 루브르 박물관 (80쪽)
요아힘 브테발 〈황금시대〉 1605년, 22.5x30.5cm, 뉴욕 메트로폴리탄 박물관 (83쪽)
오귀스트 로댕 〈한때는 아름다웠던 투구 제작자의 아내〉 1887년, 50x30x26cm, 파리 로댕박물관 (84쪽)
반 고흐 〈낡은 구두〉 1886년, 38.1x45.3cm, 암스테르담 반 고흐 박물관 (91쪽)
〈메트로폴리탄 노파〉 기원전 2세기의 원작을 기원후 1세기 초반에 모각, 높이 126cm, 뉴욕 메트로폴리탄 박물관 (92쪽)

아모르의 입맞춤으로 잠에서 깨는 프시케의 모습이 참 우아하지?

〈아모르와 프시케〉는 고전주의 조각가 안토니오 카노바(Antonio Canova, 1757~1822)의 작품이야. 루브르 박물관의 자랑이지. 신화에 등장하는 아모르는 신과 인간을 가리지 않고 사랑의 화살을 쏘아 대는 장난꾸러기 신이야. 그런데 아모르가 사랑에 빠진 일이 있었대. 사랑의 신이 사랑에 빠지다니, 술의 신 디오니소스가 술기운을 이기지 못하는 것처럼 어이없는 일이었어. 사랑의 신이 사랑을 지배하지 못하고 사랑의 노예가 되다니 말이야. 아모르가 사랑했던 상대는 프시케였어. 프시케는 어느 나라의 공주님이었대. 조각가 카노바가 빚은 〈아모르와 프시케〉를 보면 마치 대리석이 숨을 쉬는 것 같아.

그런데 비너스는 아들 아모르가 신도 요정도 아니고 하찮은 인간과 사랑에 빠진 것이 썩 탐탁지 않았대. 그래서 겉으로는 안 그런 척 속셈을 감추고 프시케를 불러서 감당하기 어려운 고된 임무를 맡기지. 프시케를 며느리로 삼고 싶지 않았던 비너스는 못된 계략을 통해 아무것도 모르는 순진한 프시케를 영원한 잠에 빠지게 했다고 해. 앞뒤 사정을 알 리 없는 아모르는 감쪽같이 사라진 연인의 행방을 찾아서 온 세상을 찾아 헤매다가 마침내 세상모르고 잠에 빠져든 프시케를 찾아냈다고 해. 2세기 루키우스 아풀레이우스(Lucius Apuleius, 123~170)가 쓴 기록 덕분에 우리는 아모르와 프시케의 사랑 이야기를 알게 되었어.

조각가 카노바는 아모르가 프시케에게 입을 맞추는 장면을 선택했어. 아모르가 입을 대고 힘껏 빨아들이자 프시케를 지배하고 있던 무거운 잠귀신이 그녀의 입술을 통해서 빨려 나오고, 이로써 프시케는 죽음보다 깊은 잠에서 깨어나게 되었다는 거야. 입맞춤을 처음으로 발명한 것도 아모르라고 하니까, 입맞춤을 통해서 프시케를 잠의 저주에서 구한 것도 아모르다운 행동이었어. 사랑과 죽음, 잠과 깨어남의 순간이 입맞춤으로 교환되는 기적의 순간이 대리석으로 재현된 거지. 고전주의 시대를 풍미했던 조각의 거장다운 솜씨가 아닐 수 없어.

비너스의 매서운 질투 때문에 억지로 헤어졌다가 다시 만난 두 어린 연인의 이야기는 지금 다시 읽어도 무척이나 애틋하고 감동적이야. 이제 조각가 카노바의 솜씨를 살펴볼까? 아모르의 날갯짓부터 손가락까지 대리석을 지극히 정교하게 깎아서 표현하고 있어. 아모르는 다급하게 날아와서 아직 두 날개를 채 접지도 못했어. 두 날개의 퍼덕거림이 우리의 마음까지 흔들어 놓는 것 같아. 잠에서 깨어나 두 팔을 뻗는 프시케의 손가락도 가늘게 떨리는 것 같아. 죽음보다 무거운 눈꺼풀의 저주에서 풀려나서 아직 정신이 얼떨떨한 프시케는 꿈에서도 그리던 아모르를 발견하고 반가움의 눈물을 흘리지 않았을까? 두 주인공이 만들어 내는 대리석의 윤곽선에서 우리는 운명보다 단단하게 얽힌 사랑의 약속을 읽을 수 있어. 비길 데 없이 사랑스럽고 우아한 작품이야.

안토니오 카노바는 19세기 조각가들에게 훌륭한 본보기를 제시했어. 고대 조각의 원리를 충실히 따르면서도 새로운 조형적 해석을 선보인 그의 고전주의 작품들은 우아하고 조화롭고 고귀한 것을 숭상하는 귀족들의 취향에 잘 들어맞았어. 안토니오 카노바가 빚어낸 대리석 인물들은 마치 올림포스의 황금 구름 위에서 연회를 벌이는 신들처럼 고귀하고 눈부실 뿐만 아니라 순수했거든. 티끌 하나 용납하지 않는 이상적이고 절대적인 순수함이었지. 이 시대에 대리석을 지배한 것은 생명과 빛, 그리고 질서의 가치였어.

로댕의 스승 장 밥티스트 카르포는 고전주의 조각가 카노바의 영혼을 고스란히 흡수했어. 카르포의 작품 〈소라에 귀를 대고 있는 소년〉을 감상해 볼까? 소년은 옷을 벗고 소라를 귀에 대고 있어. 바닷가에서 헤엄을 치다가 우연히 소라를 발견했나 봐. 소라를 귀에 대면 바람 소리가 들리

이 소년의 자세를
어디선가 본 것 같지?

지. 파도가 모래를 씻어 내는 소리, 바람이 해안을 쓰다듬는 소리, 소라가 바다에게 건네는 소리가 우리의 귓바퀴에서 웅웅 소리를 내는 걸 들을 수 있어. 소년은 소라의 언어를 터득하고 이해했나 봐. 그의 입가에 사랑스러운 미소가 바닷가 모래알처럼 반짝이고 있어.

카르포가 고른 소년의 자세는 어디선가 본 것 같아. 사실 미술을 사랑하는 사람들에겐 무척 익숙한 포즈야. 카르포는 소년의 자세를 루브르 박물관에 있는 도이달사스의 〈웅크린 비너스〉에서 가지고 왔어. 스스로 발명한 게 아니고 널리 알려진 고대 조각의 자세를 조형의 모범으로 삼고 빌려 왔어. 그런 점에서 카르포의 방식은 고전주의 조각가 카노바와 크게 다를 게 없지.

그러면 카르포가 루브르 박물관에서 보았던 비너스를 살펴볼까? 카르포는 비너스의 자세가 품고 있는 조형적 의미를 파악하기 위해 대리석 조각의 앞뒤좌우를 차례로 돌아가며 관찰했을 거야. 머리끝부터 발끝까지, 그리고 떨어져 나간 부분에 이르기까지 낱낱이 뜯어 보았겠지. 루브르 박물관의 〈웅크린 비너스〉를 제작한 고대 비티니아 출신의 그리스 조각가 도이달사스는 쪼그리고 앉아 있는 자세의 비너스를 처음 발명한 천재 조각가였다고 해. 그런데 비너스 조각의 웅크린 자세를 살펴보면, 한쪽 무릎이 위로 올라가고 다른 쪽 무릎은 아래로 내려갔어. 또

비너스의 웅크린 자세는 사랑스러운 표정을 한 카르포의 조각 〈소라에 귀를 대고 있는 소년〉의 자세와 비슷해.

두 다리의 허벅지가 빈틈없이 붙어 있지. 이건 좀 이상해. 쪼그리고 앉으면 두 허벅지가 자연스럽게 각도를 이루면서 벌어지는 법이거든. 실제로 쪼그리고 앉는 자세를 실험해 보면 두 허벅지를 붙인 상태에서 상체의 균형을 잡기가 쉽지 않아. 누가 살짝 건들기만 해도 엉덩방아를 찧기 십상이야. 그런데 왜 이런 부자연스러운 자세를 골랐을까? 조각가 도이달사스의 의도가 궁금해.

대리석 비너스는 머리가 떨어져 나간 상태지만, 목 부분의 흔적에서 우리는 비너스가 오른쪽으로 머리를 돌렸다는 사실을 짐작할 수 있어. 또 두 팔도 크게 훼손되었는데, 남아 있는 부분만 가지고도 우리는 비너스가 자신의 두 팔로 젖가슴을 가리고 있었다는 것을 추정할 수 있지. 조각가 도이달사스는 아마도 주제를 구상하면서 예술적 상상력을 발휘한 것 같아. 다른 조각가들처럼 사랑의 신 비너스를 신성하고 아름답게 재현하는 대신에, 비너스를 소탈하고 친숙한 모습으로 보여 주고 싶었나 봐.

도이달사스의 생각은 이랬어. 비너스 여신이 목욕 준비를 하는데 누군가 몰래 숨어서 훔쳐보는 기척을 알아챘다고 상황을 설정하고, 여신이 화들짝 놀라서 웅크리는 순간을 재현하면 어떨까? 그다음은 쉽게 상상할 수 있지. 목욕을 하려고 옷을 다 벗었는데, 지척에서 부스럭 소리가 났다면? 비너스는 인기척이 나는 쪽으로 고개를 돌리고 비명을 질렀겠지. 누군들 그러지 않겠어? 그래서 대리석 비너스의 두 팔은 방어 자세를 취하고, 두 다리가 부자연스럽게 밀착된 거야. 도이달사스는 약간 엉뚱한 조각가였나 봐. 하지만 그의 의도는 보기 좋게 들어맞아서 그가 제작한 비너스는 큰 성공을 거두었다고 해.

　카르포는 〈소라에 귀를 대고 있는 소년〉을 구상하면서 비너스의 아름다움에 꽤 심취했던 것 같아. 카르포는 고대 그리스 조각가 도이달사스가 만든 비너스의 자세를 있는 그대로 베껴 왔어. 소년은 소라 껍데기를 통해 바다의 소리에 귀를 기울이고 있어. 카르포는 지극히 일상적이고 서정적인 소재를 골랐어. 하지만 도이달사스의 〈웅크린 비너스〉는 낯선 시선과 닥쳐올 위험에 순간적으로 대응하기 위해 알몸을 방어하는 자세니까 상황이 훨씬 다급하고 극적이지. 비너스가 두 허벅지를 붙이고 엉거주춤 주저앉는 동작이 아무리 그럴듯하고 근사해 보여도, 줄거리의 전제와 전개가 전혀 딴판인데도 무조건 수용하는 건 아무래도 억지스러운 느낌이야. 고대 조형의 이상적 아름다움을 절대시하고 비판과 반성을 금기시하는 고전주의 조각가들의 편향된 관점을 엿볼 수 있지. 이들은 고대 모범을 무조건 금과옥조*로 삼는다고 해서 '고전주의'라는 양식 명칭이 붙었다고 해.

　카르포의 〈소라에 귀를 대고 있는 소년〉과 카노바의 〈아모르와 프시케〉는 전혀 다른 주제를 다루고 있어. 그런데도 불구하고 마치 한 배 속에서 나온 자식들처럼 양식적으로 닮아 보여. 왜 그럴까?

　그건 고대의 이상적인 조형을 어머니로 두었기 때문일 거야. 또 두 조각가 모두 대리석 재료를 사용해서 표면을 도자기처럼 매끄럽게 처리했고, 근육과 힘살과 골격의 형태가 거의 드러나지 않는 부드럽고 말랑말랑한 유소년기의 어린아이들을 즐겨 소재로 삼고 있어서 더욱 그런 것 같아. 이들의 끌이 닿으면 대리석이 숨 쉬기 시작하고, 일상은 축제가 되고, 시간은 영원한 청춘에 머물고, 사철 달콤한 바람이 귓가를 간질이지.

*금과옥조
금이나 옥처럼 귀중히 여겨 꼭 지켜야 할 법칙이나 규정.

그리스의 농부이자 시인인 헤시오도스가 노래했던 황금시대 풍경과 어쩌면 이렇게 똑같은지 놀라지 않을 수 없어. 오래전 크로노스가 지배했던 황금시대에는 인간이 신들처럼 근심 없이 평화롭게 살았고, 나이를 먹어도 늙지 않았고, 땀 흘려 노동하지 않아도 대지가 스스로 먹을 것을 내놓았다고 해. 그리고 라틴 시인 오비디우스(Publius Naso Ovidius, B.C. 43~17)가 노래한 황금시대에는 모든 인간이 선한 삶을 살았기 때문에 법률이나 형벌이 필요 없었고, 봄날이 영원히 지속되는 대지에서 거리낌 없이 알몸으로 살았다고 전하고 있지. 카르포와 카노바와 같은 고전주의 조각가들은 아무것도 걸치지 않아도 인간이 얼마든지 행복했던 맹목적인 황금시대 추종자였어.

하지만 로댕은 황금시대에 머물기를 거부했어. 황금빛 구름을 찢고 지상으로 내려와 인간의 현실과 내면을 탐사하는 것을 예술적 임무로 삼았

태초 황금시대의 인간들은 늙지도 않고 배고프지도 않고, 네 것과 내 것을 구분하지 않고 행복하게 살았다고 해.

앞에 나온 〈소라에 귀를 대고 있는 소년〉의
소년은 무척 사랑스러웠는데,
이 여인은 쭈글쭈글하고 볼품없어.

지. 로댕이 앞치마를 두르고 점토를 주무르면 조각의 반듯한 역사가 비틀거리기 시작해. 신기한 일이지. 그의 끌은 새로운 조형의 역사를 새기기 시작했어. 로댕은 가장 먼저 자신의 조형 철학에 젖은 천을 덮고 오래 숙성시켰어. 또 청동을 굽고 두들겨서 누구도 흉내 낼 수 없는 독창적인 작품을 탄생시켰지. 로댕의 작품 〈한때는 아름다웠던 투구 제작자의 아내〉는 황금시대의 신기루를 벗겨 낸 작품이야. 19세기에 이런 작품이 나오다니, 우리의 눈이 의심하지 않을 수 없어.

〈한때는 아름다웠던 투구 제작자의 아내〉는 쭈글쭈글한 할머니가 모델이야. 한때의 젊음이 시들어서 마르고 성마른 할머니의 모습으로 변하고 말았어. 시간의 멍에를 얹고 운명의 쟁기를 끌었던 무거운 두 어깨와 갈고리처럼 구부러진 허리가 조각가 로댕의 두 손바닥 사이에서 탄생했어. 능금처럼 푸르렀던 옛 기억의 흔적은 종적 없이 사라지고, 화석처럼 말라붙은 두 개의 젖가슴과 밭고랑처럼 깊게 팬 뱃가죽 주름 사이로 황량하고 을씨년스러운 탄식의 비가가 들려오는 것 같아.

조형의 시간성은 도대체 어떻게 표현할 수 있는 걸까? 어떤 영혼의 고뇌가 조각가에게 이런 슬프고 처참한 주제를 고르게 했을까? 만약 시간의 발톱이 남긴 거역할 수 없는 생채기를 흙으로 빚는다면 틀림없이 이런 형상일 테지. 로댕은 필멸의 삶을 사는 인간에게 반드시 닥치고야 마는 무기력과 망각을 표현하고 싶었나 봐. 무섭고, 슬프고, 더럽고, 추악하고, 소름끼치고, 역겹고, 악취 풍기는 주제를 말이야.

작품을 팔아야 먹고살 수 있는 조각가로서는 쉽지 않은 결단이었을 거야. 도대체 누가 이런 흉측한 작품을 돈 내고 사서 집에다 갖다 두겠느냐 말이지. 이런 작품을 거실에 세워 두었다가는 집 안에 복이 들어오기는커녕 들어오려던 복도 놀라서 달아날 것 같아.

　기원전 4세기 그리스 철학자 아리스토텔레스(Aristoteles, B.C. 384~B.C. 322)는 『시학』에서 모방에 대해 설명하면서 이런 말을 했어. 아주 보기 흉한 짐승이나 죽어 있는 시체처럼 실물을 봤을 때는 혐오스러운 것이라고 할지라도 그것을 정확하게 재현해 놓은 작품을 보면 우리는 쾌감을 느끼게 된다는 거야. 제대로 된 모방은 배움의 즐거움을 주기 때문이지. 가령 길거리에 개 한 마리가 죽어서 누워 있다고 해. 털과 가죽은 뻣뻣이 굳었고, 개의 주둥이에서 침이 흘러나오는데, 파리가 개의 시체에 애벌레를 까서 악취가 진동하고 있어. 죽은 개를 본 행인들은 다들 코를 싸매고 눈살을 찌푸리며 걸음을 서두르며 자리를 피하겠지. 이게 추한 실물에 대한 경우야.

　하지만 모방은 실물과 다른 차원의 평가를 받는다고 해. 예술적 수단을 통해서 죽은 개를 똑같이 재현한 작품을 전시했을 경우, 사람들은 눈을 동그랗게 뜨고 모방의 기술에 대해 감탄하며 작가에게 찬사를 보낸다는 거야. 실물과 재현, 현실과 모방의 차이에 대한 아리스토텔레스의 발언은 지나치게 극단적인 것처럼 들릴지도 몰라. 하지만 모든 예술이 자연의 모방이라는 점에서 아리스토텔레스는 예술의 가치를 판별하고 판단하는 기준에 대해서 우리가 잘 몰랐던 사실을 짚어 내고 있어.

　질문을 이렇게 바꾸어 볼까? 아름다움과 추함은 예술의 소재, 재료, 기법에서 얼마만큼 중요할까? 우선 소재부터 시작할게. 아름다운 꽃을 그리면 더러운 바퀴벌레를 그린 것보다 뛰어난 예술 작품일까? 꼭 그렇지는 않을 것 같아. 재료도 마찬가지지. 황금으로 만든 코끼리는 흙으로 구운 코끼리보다 예술성이 뛰어날까? 얼토당토않은 말이지. 만약 그렇다면 이 세상의 모든 조각가들은 금 이외에 어떤 재료도 쓰지 않으려고 할 거야.

기법은 어떨까? 시간을 오래 들여서 지극히 정교한 기법으로 만든 작품이 순식간에 완성한 즉흥적인 작품보다 우수한 걸까? 누군가 나무 이쑤시개에다 1년을 꼬박 걸려서 천자문을 새겼다면 네덜란드 화가이자 바로크의 거장 렘브란트(Rembrandt Harmensz. van Rijn, 1606~1669)가 잠시 서서 숯으로 그려 낸 코끼리 소묘보다 수천수만 배 값진 걸까?

아리스토텔레스는 그렇게 단정해서는 안 된다고 말하고 있어. 소재, 기법, 재료가 예술의 가치를 가늠하는 미적 기준이 아니라는 거지. 로댕의 〈한때는 아름다웠던 투구 제작자의 아내〉는 아름답기보다 추한 소재야. 기법도 그래. 고상하고 우아하다기보다 거칠고 투박하지. 또 향기롭고 부드러운 대리석 대신에 차갑고 시커먼 청동 재료를 사용해서 나이든 노파의 질긴 피부 가죽의 질감을 적나라하게 표현하고 있어. 흐릿하고 암담한 빛이 조각의 표면에 끈적끈적하게 달라붙어서 고약한 냄새를 풍기는 로댕의 노파는 앞선 시대의 조각가 카노바와 카르포가 추종했던 고전주의 조형에 대해 이렇게 묻고 있어.

"꼭 아름답고 사랑스러운 것만 예술인가요?"

고대에는 아름다움과 추함을 어떻게 구분했을까? 고대 그리스 인들은 추(醜)를 어떻게 정의했을까? 고대 그리스에서는 아주 유명한 3대 추남이

이솝을 묘사한 그림이야. 정말 못생겼지?

있었어. 고대의 3대 추남은 테르시테스, 이솝, 소크라테스, 이 세 사람이야. 얼마나 못생겼기에 이렇게 반갑지 않은 별명을 달게 되었을지 궁금해.

테르시테스는 트로이 전쟁에 참전한 그리스 군인인데, 오지랖이 넓어서 남의 일에 참견하기를 좋아하다가 결국 아킬레우스한테 주먹을 얻어맞고 죽었어. 호메로스(Homeros, ?~?)의 『일리아스』에는 이렇게 적혀 있어. "테르시테스는 마구 주물러 놓은 상판에다 안짱다리에 한쪽 발을 절었고 두 어깨는 굽어 가슴 쪽으로 오그라져 있었다. 어깨 위에 원뿔처럼 뾰족한 머리가 얹혀 있었는데, 가느다란 머리카락이 듬성듬성 났다."

한편, 우화 작가 이솝에 대해서는 13세기 콘스탄티노플의 작가 플라데누스가 이렇게 묘사하고 있어. "이솝은 안짱다리 올챙이배에 난쟁이인데 사팔뜨기 들창코에 입꼬리가 처진 흉물스러운 용모였다."

마지막으로 소크라테스는 반인반수의 괴물 사티로스와 닮은 걸로 놀림을 많이 받았지. 플라톤(Plato, B.C. 427~B.C. 347)은 『향연』에서 스승의 모습을 이렇게 그리고 있어. "납작하게 짜부라진 코와 툭 불거진 눈과 두툼한 입술을 가지고 있었다. 외모 꾸미는 데에 전혀 관심을 두지 않아서 신

뮌헨 고전 조각관에 있는 소크라테스의 두상이야.

발이나 옷을 사는 일이 거의 없었고, 노상 맨발로 다녔는데, 도통 씻지를 않았다."

하지만 소크라테스는 보잘것없는 용모 뒤에 빛나는 지혜를 감춘 철학자였어. 그래서 그의 또 다른 제자 알키비아데스(Alkibiades, B.C. 450?~B.C. 404?)는 자신의 스승이 바깥에는 사티로스가 새겨진 나무 상자인데 안을 열어 보면 고귀한 신상이 들어 있는 나무 상자와 같다고 비유하기도 했어. 겉모습만 보고 사람을 판단하면 안 된다는 거야. 이솝도 소크라테스와 같은 고대의 현자였지.

고대에서 중세 시대로 넘어오면서 미추*의 구분이 조금 더 구체적인 양상으로 바뀌었어. 종교와 도덕이 미추와 선악의 본질과 성격에 기준을 제시하게 되었어. 중세 시대에는 무엇보다 추함은 악마의 속성이었어. 빈곤, 재앙, 기근, 역병, 그리고 도덕적 타락과 죄악이 모두 악마의 행사로 여겨졌지. 메뚜기가 곡식을 갉아먹거나 때 아닌 우박이 쏟아져서 흉작이 들면 그건 악마의 몹쓸 소행으로 간주했어. 악마는 화재를 일으키고 흉측하고 더럽고 불운을 가져오며 지옥에 떨어진 죄 지은 영혼들을 고문하는 역할을 한다고 믿었지. 그렇다면 조형예술에 등장하는 악마는 어떤 생김새였을까?

그리스도교의 악마는 단순하게 말하자면 고대 그리스의 괴물인 메두사와 목신* 판에게 유전자를 물려받았어. 인간의 상상은 대개 비슷한 유형적 원형을 찾아 흐르게 마련인가 봐. 악마 도상에서 부릅뜬 눈과 찢어

*미추(美醜)
아름다움과 추함.

*목신
숲, 사냥, 목축을 맡아보는 신.

진 입, 그리고 뾰족한 송곳니는 메두사에게, 털북숭이 알몸과 꼬리, 뾰족한 귀, 그리고 갈라진 염소 발굽은 판에게 빌려 온 거야.

알몸은 원래 서양미술에서 벌거벗은 진실의 우의(의인화, 알레고리)나 때 묻지 않은 자연 상태의 나체, 또는 순수한 결백이나 정화를 의미하기도 하지만, 악마의 경우에는 육욕과 허영과 유혹을 부추기는 '죄악의 알몸'으로 형벌, 모욕, 수치, 범죄의 의미에 가깝다고 읽을 수 있겠지. 금빛 갑옷을 입은 천사와 대비되는 벌거숭이 악마는 흔히 빛을 피해서 어둠 속을 배회하는 떳떳치 못한 존재로 등장하거든. 또 악마가 날개를 달고 있는 경우도 드물지 않은데, 가령 이탈리아 시인 단테는 루시퍼가 시커먼 박쥐 날개를 어깨에 붙인 모습을 서술했지. 후대 예술가들은 단테에게 영감을 얻어서 악마의 등에 박쥐 날개를 달곤 했어.

종교는 악의 개념을 추함과 결합시켜서 악마 도상을 탄생시켰어. 미술에서도 이것이 전통으로 자리 잡게 되었지. 기괴하고 비루하고 저속하고 야비하고 혐오스럽고 구역질 나고 썩어 문드러진 것들은 정신의 숙련과 영혼의 고양에 전혀 불필요하고 쓸모가 없다고 치부하게 된 거야.

절제, 우미, 균제, 질서, 조화의 법칙에 어울리는 고결하고 기품 있는 작품만이 예술적 가치를 인정받아야 한다는 사상이 조각의 역사를 풍미하게 된 것은 당연한 일이 되고 말았어. 그리고 바로 이때 로댕의 다른 발언이 등장한 거야.

로댕은 무엇보다 점토의 진실을 추구했어. 흙이야말로 자연의 진실을 담아낼 수 있는 최고의 그릇이라고 믿었지. 진정한 진실은 아름다움과 추함을 함께 보듬어야 하며, 빛과 그림자처럼 아름다움과 추함도 예술의

고흐는 낡고 더러운 구두를 많이 그렸어.

저울에서 완전한 균형을 이루어야 한다는 것이 로댕의 확신이었어. 그러고 보면 로댕은 인상주의 화가 고흐(Vincent Van Gogh, 1853~1890)와 닮은 곳이 있어. 낡고 헌 농부의 신발을 즐겨 그렸던 고흐는 친구들에게 이렇게 말한 적이 있었지.

"나는 청소부들이 쓰레기를 버리는 곳에 갔다가 왔어. 쓰레기를 보면 얼마나 아름다운지 몰라!"

생각해 보면, 아름다움과 추함도 빛과 어둠처럼 자연의 한 매듭이 아닐까? 또 선과 악은 천사와 악마처럼 결국 하나의 원인에서 비롯한 두 갈래가 아닐까? 초록빛 젊음은 반드시 잿빛 노년을 운명의 그림자처럼 달고 있는 게 아닐까? 기쁨이 슬픔을 동반하고, 절망이 희망의 싹을 키우는 것처럼 로댕은 추함의 무게를 가볍게 보지 않았어. 조각가는 모름지기 생명과 죽음을 함께 끌어안는 자연을 어머니로 두고 있기 때문이지. 로댕은 시간의 거울을 통해 '한때 아름다웠던', 하지만 이제는 기억 속에 깃든 젊음을 훔쳐보았어. 로댕의 일기장에는 이런 기록이 남아 있어.

"소묘를 하면서 검은색과 하얀색이 다 필요한 것처럼, 인간의 삶도 심미적인 면에서 선과 악의 조화가 필요하다. 슬픔이라고 해서 함부로 내다 버리지 말도록 하자. 인간이 지상에서 사는 동안 눈부시게 빛나는 기쁨처럼 슬픔 역시 우리의 삶을 이루는 본질적인 부분이기 때문이다."

메트로폴리탄 미술관에 전시된
고대 헬레니즘 시대의 노파 조각이야.

이상적 아름다움을 숭상했던 고전주의 시대에는 추의 조형이 들어설 자리가 없었어. 로댕의 시도가 아니었으면 우리는 자연과 예술이 가르쳐 주는 진실의 소중한 반쪽을 영원히 상실했을지도 몰라. 하지만 로댕 이전에 미술의 역사는 오래전부터 추의 모방에 대한 빛나는 전통을 가지고 있어. 로댕은 그것을 흙과 돌을 통해 재발견하고 새로운 가치를 부여한 거지.

미술놀이

로댕 이전에는 아름다운 것이 곧 예술 작품이라고 생각했어. 그래서 젊고 훌륭한 몸을 많이 표현했지. 하지만 로댕은 추한 것도 예술 작품이 될 수 있다는 것을 보여 주었어. 아름다워야만 예술이다는 생각을 버리고 로댕처럼 표현해 보는 건 어때? 우리 주변에 있는 못 쓰는 재활용품들도 예술 작품의 재료가 될 수 있어. 재활용품을 이용해 가치 있는 예술 작품을 만들어 보자.

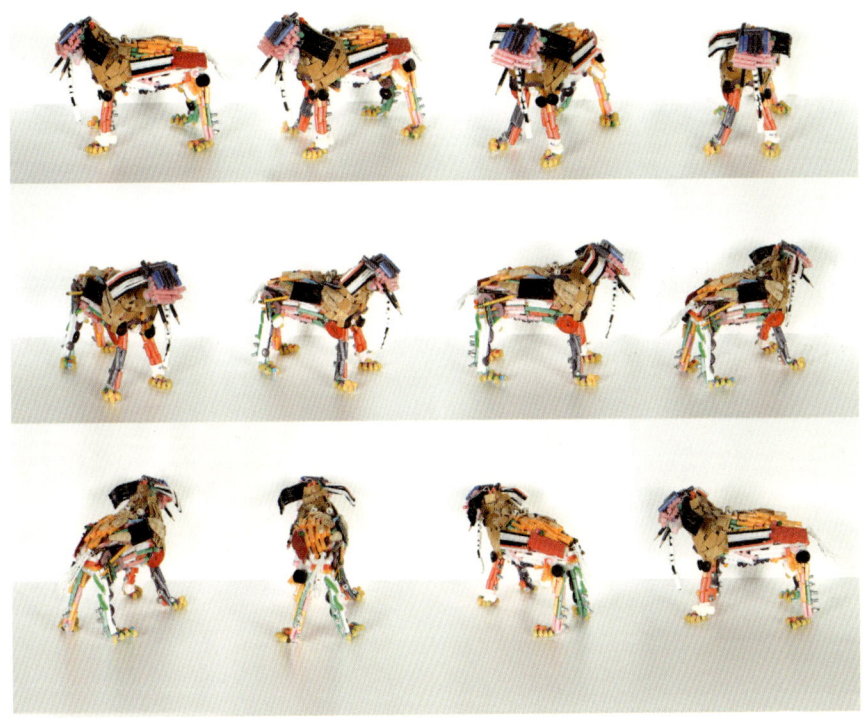

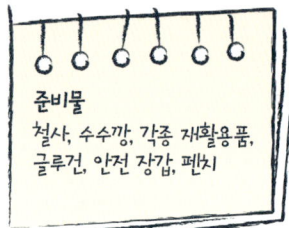

준비물
철사, 수수깡, 각종 재활용품, 글루건, 안전 장갑, 펜치

4-1. 재활용품을 이용해 예술 작품 만들기

활동 방법:

1

먼저 철사와 수수깡을 이용해 조각품의 뼈대를 제작해.

2

글루건을 이용해 각종 재활용품을 조각품의 적절한 위치에 붙여 줘.

3

이제 재활용품들이 가치 있는 예술 작품으로 변화되는 과정을 경험하는 거야.

4-2. 재활용품을 이용해 예술 작품 만들기

활동 방법:

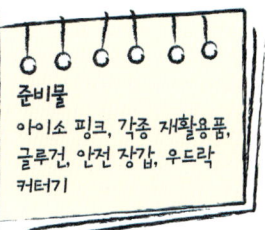
준비물
아이소 핑크, 각종 재활용품, 글루건, 안전 장갑, 우드락 커터기

1
아이소 핑크를 우드락 커터기와 글루건을 사용해 원하는 형태의 조각품으로 만들어.

2
조각품의 표면에 각종 재활용품을 촘촘하게 붙여.

3
재활용품들이 가치 있는 예술 작품으로 변화되는 과정을 경험해 보자.

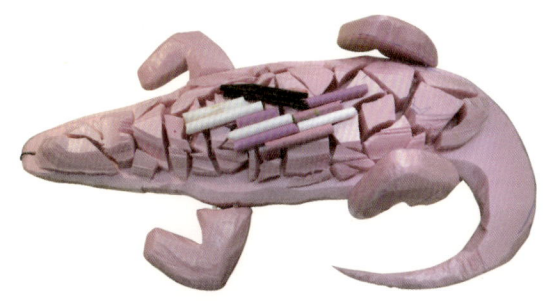

5

움직임과 생명의 표현

■ 수록 작품
오귀스트 로댕 〈여자 형상을 빚는 로댕의 손〉 1917년, 22.9cm, 워싱턴 국립 미술관 (100쪽)
오귀스트 로댕 〈대성당〉 1908년, 64x29.5x31.8cm, 파리 로댕 박물관 (102쪽)
폴리클레이토스 〈큰 창을 든 남자〉 기원전 450~440년, 198cm, 나폴리 국립 고고학 박물관 (106쪽)
리시포스 〈아폭시오메노스〉 기원전 330년, 높이 2.05m, 로마 바티칸 박물관 (106쪽)
레오카레스 〈벨베데레의 아폴론〉 기원전 4세기 중반의 원작을 120~140년경 모각, 224cm, 바티칸 조각 박물관 (106쪽)
미켈란젤로 〈바쿠스와 꼬마 실레노스〉 1496~1497년, 높이 203cm, 피렌체 바르젤로 박물관 (110쪽)
잔 로렌초 베르니니 〈아폴론과 다프네〉 1622~1625년, 높이 243cm, 로마 보르게세 미술관 (111쪽)
오귀스트 로댕 〈키스〉 1888~1898년, 181.5x112.5x117cm, 파리 로댕 박물관 (112쪽)

조각가에게 손은 무슨 의미일까? 조각가가 창작의 아이디어에 살을 붙여서 모양을 빚을 때 가장 중요한 조력자이자 솜씨 좋은 도구가 바로 자신의 손이야. 조각가의 손은 또 영혼의 숨구멍과 같아. 조각가는 젖은 점토를 주물러서 형상을 부여하는 데에 그치지 않고 작품에 예술의 생명을 불어넣지. 성서에는 이렇게 기록되어 있어.

"그때에 주 하느님께서 **흙의 먼지로 사람을 빚으시고**, 그 코에 생명의 숨을 불어넣으시니, 사람이 생명체가 되었다."(창세기 2:7)*

*창세기 2:7
천주교 새 성서의
창세기 구절.

〈여자 형상을 빚는 로댕의 손〉은 조각가가 자신의 손을 도구 삼아 점토를 빚어내는 순간을 재현하고 있어. 조형 행위를 통해서 창조의 과정을 보여 주는 작품이지. 흥미로운 것은 여기서 창작품이 아니라 창작 행위가 작품 주제로 등장한다는 점이야. 이 작품은 조각이야. 하지만 회화와 비교하자면, 화가가 붓을 들고 그림을 그리고 있는 자기 자신의 모습을 그린 셈이야. '작업실의 자화상'이 되겠지. 회화와 달리 작업실 배경 풍경이나 다른 소재들은 이 조각 작품에 포함되지 않았어.

로댕은 자신의 손을 대상화하면서 쭈글쭈글한 손의 형태와 끝이 갈라진 손톱까지 가감 없이 드러내고 있어. 여기서 점토를 쥔 것은 조각가의 오른손이야. 다시 말해 한 손으로 점토를 빚고 있다는 뜻이야. 오른손은 대개 선하고 바른 의지를 나타내지. 오른손의 움직임에 따라 점토 덩어리도 꿈틀대고 있어. 덩어리에 불과했던 것에서 몸통의 윤곽이 살아나고 팔다리가 자라나기 시작해. 관절에 근육이 제대로 붙고 나면 형태의 표정

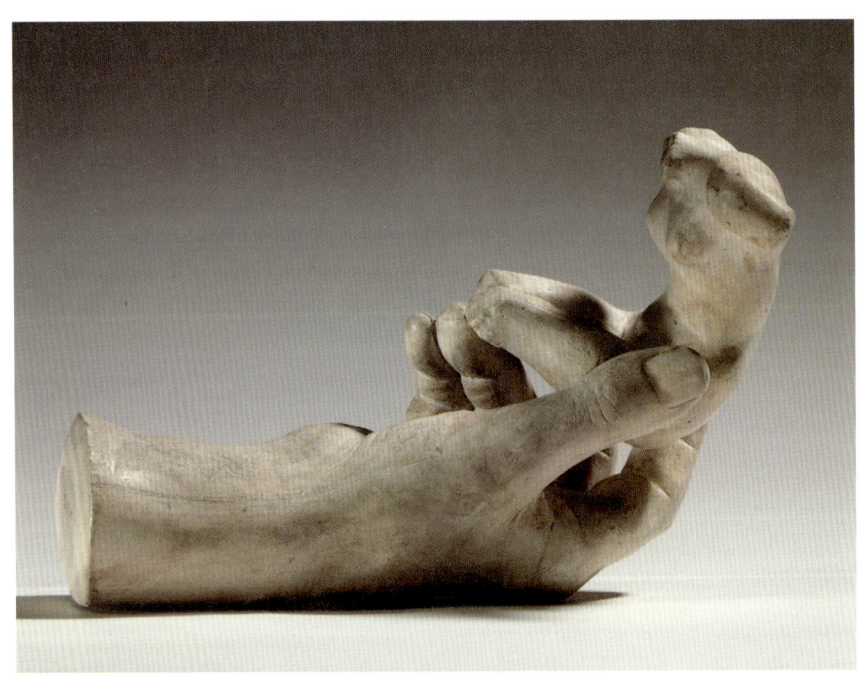

점토를 쥐고 있는 로댕의 손이 사실적으로 표현된 작품이야.

과 감정이 살아나겠지. 마지막으로 손끝에서 손가락이 솟아날 거야. 점토의 손가락은 아직 자라나지 않았지만 우리는 다음 단계의 성장을 충분히 상상할 수 있어. 피조물의 손가락은 창조하는 자의 재능을 닮게 되겠지. 마치 모든 것을 창조한 신이 조각가 로댕에게 손의 재능을 나누어 준 것과 마찬가지로 말이야.

〈여자 형상을 빚는 로댕의 손〉은 차가운 흙덩어리가 생성과 분절을 통해 몸과 생명을 얻는 순간을 재현하고 있어. 조각가의 구상이 오른손을 통해서 실천되면서, 조각가는 사라지고 형태의 탄생을 증언하는 손이 남았어. 그 손은 재현의 과정, 재현의 의지, 재현의 수단, 재현의 순간을 재현하고 있지. 우리는 아직 토르소에 불과한 점토의 변신을 관찰하면서 곧 빚어질 형태가 어떤 모습을 거칠지 예감할 수 있어.

'조각가의 손'은 로댕이 자주 다루었던 작품 주제 가운데 하나야. '자화상의 화가'로 불리는 렘브란트의 자화상만큼이나 많은 수의 손들이 로댕의 작업으로 완성되어서 오늘날 뫼동의 로댕 작업실과 오텔 비롱 로댕 전시실을 채우고 있지.

<대성당>도 손으로 이루어져 있어. <대성당>은 로댕이 거의 일흔이 다 되어서 만든 노년의 작품이야. '대성당'은 중세 시대를 상징하는 종교 건축이야. 프랑스 어로 대성당은 '고딕식 교회 건축'을 가리키는 말이지. 고딕 대성당은 위에서 보았을 때 십자가 형태로 가로대(X축)와 세로대(Y축)가 겹친 구조이고, 또 밑에서 올려다보면 끝이 뾰족한 첨두아치와 송곳처럼 솟은 탑들이 빽빽하게 들어차 있어. 대성당 내부에 들어가면 오색으로 빛나는 거대한 스테인드글라스를 통해서 비치는 햇살의 장엄한 연주를 들을 수 있지. 파리에는 <노트르담의 꼽추>로 유명한 파리의 노트르담 대성당이 있어. 노트르담은 '성모마리아'를 뜻하는 말이야. 로댕은 가끔씩 대성당의 좁은 돌계단을 따라 지붕 위로 올라가곤 했어. 그리고 대성당의 뾰족한 탑 주위에 웅크리고 앉아서 파리 시가를 굽어보는 괴수들을 손으로 쓰다듬어 주곤 했지.

파리 근교 생 드니에 있는 최초의 고딕식 성당인 생 드니(St. Denis) 교회야. 교회 제단부 상층 스테인드글라스가 참 아름답지?

작품을 잘 봐 봐. 왼손과 오른손이
아닌 것을 알 수 있어.

로댕의 〈대성당〉을 조형적으로 판단하면 단순히 손과 손이 마주 보는 형상이야. 두 손을 모으고 기도하는 모습을 보고 대성당의 종교적인 분위기를 연상했던 걸까?

하지만 로댕이 구상한 〈대성당〉은 왼손과 오른손의 만남이 아니라 두 개의 오른손으로 이루어져 있어. 그러니까 남남의 손인 셈이지. 그렇다면 서로 마주 보는 두 손은 남녀의 만남을 상징하는 걸까? 아니면 어른과 아이의 만남일까? 〈대성당〉의 두 손은 너무나 닮아 있어서 마치 같은 사람의 손처럼 보여. 쌍둥이처럼 말이야. 로댕은 여기서 창조주의 손을 재현한 것이 아닐까? 창조주가 자신의 모습과 꼭 닮은 인간을 창조하고 피조물의 손이 제대로 꼴이 갖추어졌나를 살펴보고 있다면 바로 이런 모습일 거야.

하나의 손이 다른 손에 다가가는 순간, 다른 손도 마주 다가오지. 두 손은 서로 등을 돌리거나 외면하지 않고 가까이서 마주 보고 있어. 손이 손에게 묻고 또 대답하며 들숨과 날숨을 나누고 또 대화를 속삭이는 것 같아. 로댕의 〈대성당〉은 조각가의 손이 표현 수단이면서 동시에 표현 주제가 될 수 있다는 사실을 말해 주고 있어. 〈대성당〉이라는 이름도 창조와 피조의 종교적 주제에 썩 잘 어울리지.

  대성당은 빛의 건축이야. 돌이나 나무 대신에 빛을 작업 재료로 써서 지은 건축이란 뜻이야. 실제로 성서의 묵시록(요한계시록)에 나오는 천상의 예루살렘을 신앙의 밧줄로 묶어서 지상으로 끌어내린 것이 대성당이지. 적어도 중세 시대에는 그렇게 믿었어. 홍옥과 마노와 진주와 사파이어로 만들어진 빛의 건축을 대성당의 건축 장인들은 색 유리창을 통해서 구현했어. 색 유리창은 고딕 대성당의 특징을 잘 드러내는 건축 요소야. 빛은 유리를 관통하면서도 유리를 깨는 법이 없지. 무색, 무취, 무미의 빛은 색 유리창을 지나면서 비로소 감성과 물성을 얻어. 대성당의 색 유리창은 빛의 존재가 초월적 진실을 우리에게 지각할 수 있도록 바꾸어서 전달하는 도구야. 빛은 신성과 동격으로 여겨졌어. 그리고 빛은 색채의 물성을 얻고 난 다음에야 비로소 우리의 눈을 통해 지각될 수 있기 때문이야.

  로댕은 〈대성당〉에서 두 손 사이로 스며든 빛을 끌처럼 활용하고 있어. 그 솜씨가 얼마나 빼어난지 마치 빛과 그림자를 녹이고 끊어서 빚어낸 작품처럼 보여. 빛살은 혼돈에서 어둠을 썰고 덜어 내는 신성한 조각칼과 같아. 로댕은 영감의 숫돌에 벼려 낸 조각칼에다 햇살을 한 줌 묻혀서 점토 덩어리의 죽은 부분들을 잘라 냈을 테지. 앞서 〈여자 형상을 빚는 로댕의 손〉에서 조각가가 창조주에게 배운 솜씨를 뽐냈다면, 〈대성당〉에서는 조각가의 솜씨를 빌린 창조주의 창조 행위가 작품 주제가 되었어.

  로댕의 〈대성당〉은 손 이외에 아무것도 보여 주지 않고 있어. 그렇다면 팔꿈치, 어깨, 몸통과 머리는 어디에 있는 거지? 몸에서 손만 따로 떼어낸 조각가의 의도는 무엇일까? 가령 하나의 전체에서 부분을 따로 떼어내어 보여 줄 경우, 강조와 집중 효과를 노릴 수 있어. 하지만 인체의 재현일 경우 절단과 해체의 문제가 그리 간단하지는 않아. 본질을 손상하거나 형태의 부족 또는 생명의 파괴를 야기할 수 있기 때문이지.

로댕은 토르소 연구를 통해 인체 조형이 머리부터 발끝까지 온전해야 할 필요가 없다는 사실을 깨우쳤어. 나아가서 유기적 완전성을 포기하고 생략할 때 오히려 조형적 상상력이 극대화된다는 사실을 깨달았지. 토르소가 사지가 떨어져 나간 몸통을 의미한다면, 손발만 따로 떨어져 나온 조형은 토르소의 정신이 도달한 또 다른 결실일 테지.

엄밀히 말하자면 로댕 이전에도 손이나 발 또는 머리를 따로 떼어서 작업하는 경우가 없진 않았어. 소묘 습작이나 배움의 과정에 있는 병아리 작가들의 실습 과제에서 그런 사례를 종종 볼 수 있었지. 가령 프랑스 낭만주의 화가 테오도르 제리코(Théodore Géricault, 1791~1824)는 파리의 시신 안치소를 방문해서 신체의 일부를 유화 스케치로 남기기도 했어. 하지만 그건 본격적인 작품에 들어갈 장면에 현실감을 더하기 위해 참고용으로 제작했던 거야.

〈여자 형상을 빚는 로댕의 손〉과 〈대성당〉은 전체에서 한 부분을 취해서 조명한 작품이야. 다른 화가나 조각가들이 등장인물의 눈빛과 얼굴

시신 안치소를 방문하면서까지
신체를 그린 테오도르 제리코야.

의 표정에 집중한다면, 로댕은 오직 손이 만들어 내는 표정에 승부를 걸었다는 점이 달랐어. 집중과 생략을 통해서 로댕은 공간적·시간적 계기를 일상의 차원에서 떼어 냈어. 대리석을 쓸고 지나는 빛과 그림자의 만 가지 색깔 가운데 단 하나의 절정을 낚아챈 거지. 그건 바로 순간의 재현이었어. 점토에 생명이 깃드는 순간, 그리고 창조의 의지에 따라 피조물이 깨어나고 손가락을 움직이는 순간을 로댕은 놓치지 않았던 거야.

조각가는 차가운 재료에 생명을 불어넣는 존재야. 그래서 조각가에게 가장 감동적인 찬사는 "작품이 살아 숨 쉬는 것 같다."라는 평가야. 수많은 천재들이 수천 년에 걸쳐서 이루어 낸 예술의 성취가 바로 살아 숨 쉬는 조각이지. 고대 이집트부터 고전기* 그리스, 그리고 헬레니즘 시대까지 조형의 진화는 그야말로 극적으로 진행되었어. 그 과정을 다음 쪽 사진의 네 작품을 비교하면서 살펴볼까 해.

〈이집트 입상〉은 자세가 뻣뻣해. 얼핏 보면 사람인지 청동 촛대인지 구분이 안 갈 지경이야. 몸통과 팔다리를 따로 만들어서 붙인 것 같아. 이집트 조각은 피가 통하는 인간이라기보다 기계 장치에 가까워서 분해 조립이 가능할지도 몰라. 실제로 고대의 일화에 따르면 이집트 조각가들의 방식으로 그리스 인들이 대리석으로 아폴론 신상을 만든 적이 있었대. 신상의 위아래 토막을 다른 곳에 살던 두 형제에게 제각기 맡겨 만들었는데, 나중에 만나서 두 토막을 붙여 보니 거짓말처럼 맞아떨어졌다는 거야. 사모스에 살던 테오도로스와 에페소스에 살던 텔레클레스 두 형제 조각가의 이야기야.

*고전기
기원전 5세기로, 그리스 미술사의 전성기를 말함.

〈이집트 입상〉

〈큰 창을 든 남자〉

〈아폭시오메노스〉

〈벨베데레의 아폴론〉

"두 토막을 서로 맞추어 보았더니 아귀가 어찌나 정확하게 맞아떨어지는지 마치 조각가 한 사람이 혼자서 만든 것처럼 보였다. 이런 식의 작업 방식은 이집트 조각가들한테야 대수로울 것도 없지만, 그리스 인들 사이에서는 전대미문*의 것이었다."

(디오도로스 I* 98. 5~9)

*전대미문
이제까지 들어 본 적 없음.

*디오도로스 I
디오도로스가 쓴 『비블리오테케』 제1권.

두 번째 비교 작품은 폴리클레이토스(Polykleitos, ?~?)의 〈큰 창을 든 남자〉야. 그리스식 인체 비례가 처음으로 적용되었다는 평가를 받고 있지. 큰 창을 왼쪽 어깨에 비스듬히 걸치고 고개를 두리번거리면서 걸음을 떼는 젊은 청년의 입상 조각은 그리스식 조형의 탄생을 선언하고 있어. 이집트 조각과 어떻게 다른지 살펴볼까? 〈큰 창을 든 남자〉는 왼쪽과 오른쪽 허벅지의 생김새와 크기와 탄력이 뚜렷이 다르게 재현되어 있어. 가슴과 어깨, 그리고 엉덩이도 왼쪽과 오른쪽이 확실히 달라. 우리는 첫걸음을 뗄 때 보통 왼발부터 시작하지. 왼발에 체중이 실릴 때와 오른발에 체중이 실릴 때 우리 몸에서는 유기적인 변화가 일어나. 무릎과 허벅지, 사타구니, 복부, 가슴, 어깨, 양팔의 움직임이 상하좌우가 교차되면서 제각기 몸의 움직임에 반응하게 되지. 이집트 조각가들은 인체의 이런 유기적인 변화를 무시했었지. 하지만 그리스 조각가들은 아무리 작은 변화도 놓치지 않았어. 이 차이 덕분에 그리스의 인체 조각이 마침내 숨을 쉬고 걸음을 떼기 시작했어.

세 번째 비교 작품은 리시포스(Lysippos, ?~?)의 〈아폭시오메노스〉야. '때 미는 남자'라는 뜻이지. 운동선수가 작은 낫처럼 생긴 도구를 가지고 몸에 붙은 모래 알갱이를 털어 내고 있어. '모래 때를 털어 내는 사람'이라는 제목이 더 정확하겠군. 그리스는 지중해성 기후 탓에 여름에 비가 거의 오지 않아서 물이 무척 귀했대. 그래서 운동 연습을 마친 선수들은 모래 때를 털어 내고 올리브기름을 몸에 문지르는 것으로 목욕을 대신했어. 이 작품을 제작한 리시포스는 알렉산더 대왕의 총애를 받은 조각가로도 유명해. 특히 인체 조형의 새로운 비례를 발명했다고 조각의 역사에 이름을 남겼지. 리시포스의 〈아폭시오메노스〉는 폴리클레이토스의 〈큰 창을 든 남자〉보다 100년쯤 뒤에 완성되었어. 두 작품을 비교하면 〈아폭시오메노스〉의 키가 더 큰 것처럼 보여. 그건 리시포스가 조각상을 만들면서 머리 크기를 상대적으로 작게 만들었기 때문이지. 실제로 더 큰 것이 아니라 '더 큰 것처럼 보이는' 조각, 다시 말해 작품 생산자의 관점보다 작품 수용자인 감상자의 관점을 고려한 거야. 이로써 리시포스는 인체 조각의 새로운 차원을 발명한 조각가가 되었어.

마지막 비교 작품은 레오카레스(Leochares, ?~?)가 만든 〈벨베데레의 아폴론〉이야. 원작은 사라지고 지금은 로마 시대에 만든 모작이 바티칸 조각 박물관에 남아 있어. 아폴론은 신들 가운데에서도 활을 기막히게 잘 쏘는 명궁이었대. 쏘았다 하면 무조건 백발백중이었다지. 조각 작품이 보여 주는 이 장면은 델포이의 건국신화와 관련 있어. 레오카레스는 지금, 어둠을 지배하는 큰 뱀 피토스를 아폴론이 활로 쏘아서 제압하는 순간을 재현하고 있어. 화살은 당연히 목표물에 명중했어. 이와 함께 어둠의 세력이 물러나고 빛의 도시 델포이가 탄생했다는 거야. 아폴론의 시선과 팔의 움직임, 그리고 두 발의 자세가 작품 감상의 핵심 포인트야. 팔 동작을 살펴보면 아폴론은 활시위를 이미 당겼어. 그의 왼손에는 원래 활이

들려 있었던 모양이야. 화살이 빨랫줄처럼 뻗어 나가다 괴물 뱀 피톤의 머리에 박히는 것을 눈으로 좇고 있어.

하지만 아폴론의 발걸음은 벌써 딴 곳으로 향하고 있어. 아폴론의 상체와 하체는 사건의 결정적인 순간을 보여 주는 동시에 사건 전후를 설명하고 있지. 시간의 전후를 하나로 묶는 것은 오직 순간의 재현을 통해서 가능해. 우리는 이걸 흔히 '얼어붙은 동작', 또는 '시간의 흐름을 얼려 버린 순간'이라고 말하지. 사진으로 치면 넓은 조리개 값에 셔터 속도를 아주 짧게 설정하고 순간적인 움직임의 모티프를 낚아채는 스냅 숏과 같아. 〈벨베데레의 아폴론〉의 생동감과 조형적 순발력은 앞선 시대의 조각들을 완전히 압도하는 느낌이야. 다른 조각가들이 모델을 작업실에 불러다가 이런저런 포즈를 취하라고 요구했다면, 조각가 레오카레스는 아폴론의 활약을 몰래 숨어서 훔쳐보았던 것 같아.

근대 조각가 가운데 미켈란젤로와 베르니니는 로댕에게 강렬한 인상을 남겼어. 미켈란젤로는 르네상스를 호령했고, 베르니니는 바로크를 풍미했지만 둘 다 우열을 가릴 수 없는 조각의 거장들이야. 이들은 '순간의 재현'이라는 조각의 난제를 어떻게 해결했을까?

우리는 미켈란젤로의 〈바쿠스와 꼬마 실레노스〉를 보며 알 수 있지. 술잔을 든 바쿠스 옆에 꼬마가 하나 붙어 있어. 꼬마는 실레노스야. 염소 다리를 한 꼬마 실레노스는 포도송이를 두 손으로 받쳐 들고 몸을 비비 꼬고 있어. 포도가 맛있어서 죽겠다는 표정이네. 여기서 미켈란젤로는 알파벳 S자 조형을 처음으로 실험했다고 해. 바쿠스는 술잔을 노려보는데, 어지간히 취했는지 발걸음을 제대로 가누지 못하고 있어. 비틀거리면

움직이지 않는 조각인데 이야기가 보이는 것 같아.

서도 엎어지지 않고 가까스로 균형을 잡고 서 있는 바쿠스는 보는 사람의 웃음을 자아내지. 술독에 빠지면 정신이 오락가락하는 법이야. 술의 신 바쿠스가 술에게 정복당하다니 왠지 억지스러운 설정인 것 같아. 미켈란젤로는 이 작품을 스무 살 무렵에 만들었대. 지나치게 들이킨 술이 바쿠스의 의지를 마비시켜서 몸도 비틀, 정신도 비틀거리는 순간을 꽤 그럴 듯하게 재현했어.

베르니니의 〈아폴론과 다프네〉도 '순간의 재현'에 충실한 작품이야. 오비디우스(Publius Naso Ovidius, B.C. 43~17)의 「변신 이야기」에 나오는 신화의 한 토막이지. 바람둥이 신 아폴론이 어느 날 숲의 요정 다프네에게 반했대. 다프네는 놀라서 달아났어. 하지만 아폴론의 바람 같은 뜀박질을 당할 순 없었어. 절체절명*의 순간 다프네는 아버지인 강의 신 페네오스에게 이렇게 부탁해. 아폴론에게 붙잡혀서 굴복하느니 차라리 나무로 변신하게 해 달라고. 조각가 베르니니는 아폴론이 다프네를 따라잡고 옆구리를 붙잡는 결정적인 장면을 재현했어. 그런데 바로 그 순간 다프네는 월계수로 변신하기 시작해. 다리에는 단단한 나무뿌리가 뻗고, 손가락에서 가느다란 나뭇가지와 월계수 잎이 솟았어. 요정의 몸은 삽시간에 나무껍질로 뒤덮였지.

시인 오비디우스의 기록에 따르면, 다급해진 아폴론이 다프네의 출렁이는 젖가슴으로 손을 뻗었다고 해. 하지만 아폴론의 손끝에 닿은 것은

*절체절명
어찌할 수 없을 정도로 절박함.

다프네의 모습이 굉장히 다급해 보여.

거친 나무껍질이었다는 거야. 그리고 딱딱한 나무껍질 밑에서 놀란 처녀의 가슴 고동이 두근두근 울렸다지. 베르니니는 변신의 가장 극적인 순간을 조형의 차가운 입김으로 얼렸어. 빗나간 사랑의 격정도, 변신을 지켜보는 다급한 심정도, 방향을 상실하고 주춤거리는 발걸음도, 두려움의 외마디 비명도, 대리석의 가쁜 숨소리까지도 모두 얼려 버렸어.

로댕은 미켈란젤로와 베르니니, 두 거장에게 무엇을 배웠을까?

이제 로댕의 〈키스〉를 볼 차례야. 〈키스〉는 두 남녀의 입맞춤 장면을 보여 주고 있어. 운명의 쇠사슬에 포박된 채 헝클어진 실타래처럼 엉켜 있는 두 남녀는 비극적인 사랑의 주인공들이었다고 해. 주인공 파올로와 프란체스카는 시동생과 형수의 관계였는데, 그만 사랑에 빠지고 말았어. 여기에는 기구한 사연이 있어.

처음에는 파올로의 형 잔초토와 프란체스카 사이에 혼담이 오갔대. 그런데 잔초토는 추한 외모 탓에 신부가 도망갈까 싶어서 동생 파올로를 자기 대신 선 자리에 내보냈어. 신부가 될 프란체스카는 그런 내막을 까맣게 몰랐지. 그랬으니 당연히 눈앞에 있는 남자가 시동생이 아니라 자기 신랑감이라고 믿었던 거야. 프란체스카는 시동생인 줄도 모르고 파올로를 사랑하게 되었어. 파올로도 형수가 될 프란체스카에게 첫눈에 반하고 말았어. 이제 두 사람의 사랑은 되돌릴 수 없게 되었어. 금지된 사랑으로 두 사람은 결국 지옥에 떨어져서 죗값을 치르지. 시인 단테는 지옥에서

대리석에 영원한 생명을 불어넣었던
로댕은 대단한 조각가야.

두 연인을 발견하고 애처로워서 눈물을 흘렸다고 해.

〈키스〉의 윤곽선은 크게 두 가지야. 남자 파올로의 강직한 직선과 여자 프란체스카의 유연한 곡선이 결합되어 있어. 두 개의 윤곽선은 자음과 모음처럼 한 몸뚱어리로 달라붙어 있어. 파올로와 프란체스카는 사람들의 시선을 피해 어둠 속으로 숨어들었던 모양이야. 어둠 속에서 서로의 운명을 저주의 밧줄로 단단히 묶었어. 파올로의 오른손은 프란체스카의 왼쪽 허벅지 위에 놓여 있어. 어둠을 빌려서 육체의 기억을 어루만지는 파올로의 손끝이 사무치는 슬픔으로 떨리고 있어. 로댕은 바로 이 순간 시간의 무거운 맷돌을 멈추었어. 순간의 재현으로 대리석에 영원한 생명을 불어넣었지.

시인 단테는 『신곡』에서 이렇게 물었어.

"인간은 어떻게 완전한 존재가 되는가?"

로댕은 시인의 펜이 묻는 질문에 대해서 끌로 대답하지. 그의 대리석 작품 〈키스〉는 이렇게 대답하고 있어.

"사랑으로! 설령 그것이 지옥의 저주를 대가로 치른다 해도."

미술놀이

준비물
알지네이트, 석고 가루, 고무 그릇, 원통, 나이프

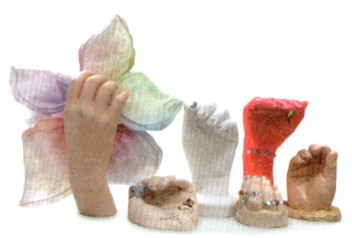

5-1. 손 석고 뜨기

조각가에게 손의 역할은 매우 중요해. 특히 신의 손이라 불린 로댕에게 두 손은 재료에 생명을 불어넣어 새로운 작품을 창조하는 위대한 도구였지. 우리도 손 석고를 만들며 손의 구조를 익히고 표면에 재미있는 아이디어를 덧붙여 예술적으로 표현해 보자.

활동 방법:

1

커다란 그릇에 알지네이트를 물과 일대일의 비율로 섞어. 원통은 손을 넣을 수 있는 길이로 준비해.

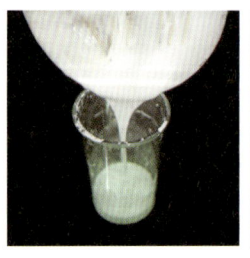 

2

플라스틱 원통에 알지네이트를 붓고 그 안에 손을 넣어. 알지네이트가 굳을 때까지 움직이지 말아야 하니까 손 모양을 미리 정해서 넣어야 해.

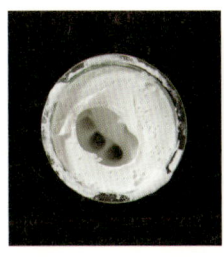 

3
알지네이트가 굳으면 손을 빼내고 석고물을 만들어 부어 줘.

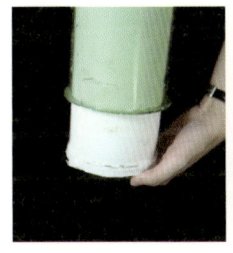 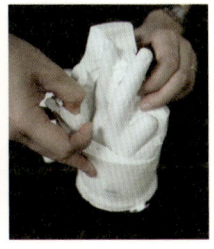

4
석고가 굳으면 틀에서 꺼내고 알지네이트를 뜯어 손 조각을 완성해.

5
완성된 손 조각의 형태를 보고 떠오르는 이미지를 다양한 재료를 이용해 꾸며 봐.

준비물
점토, 점토칼, 이쑤시개

5-2. 흙으로 움직임 표현하기

지금까지 로댕뿐만 아니라 내로라하는 조각가들의 훌륭한 작품들을 봤어. 그저 서 있는 조각일 뿐인데 이야기가 들리는 것 같은 작품도 있었고, 금방이라도 살아서 움직일 것만 같은 작품도 있었어. 이제 우리도 지금까지 본 조각가들처럼 움직임이 있는 다양한 동물이나 사람을 점토로 표현해 생명을 불어넣어 볼까?

활동 방법:

1

점토를 가지고 다양한 동물들을 만들어 봐. 꼭 동물이 아니라 움직이는 자동차, 사람의 다리 부분처럼 단순한 대상을 표현해도 좋고, 사람의 전체적인 모습도 괜찮아.

2

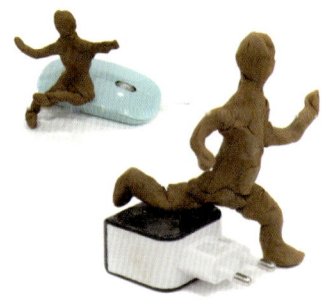

정지된 모습보다는 움직이는 순간을 표현해 보도록 해. 점토로만 만든 입체물은 중심 잡기가 어려우니 다양한 사물을 활용해서 세워 보도록 해.

3

어린 연령의 아이들은 그림으로 먼저 그리고 그 위에 점토를 붙여 부조로 만든 뒤, 이쑤시개를 꽂아 입체로 세워서 움직임을 표현해 봐.

부록

1. 로댕의 발자취
2. 미술관에 놀러 가요

로댕의 발자취

1840년 파리 빈민가에서 하급 공무원의 아들로 태어남.

1854년 프티 에콜(프랑스 국립 공예실기학교)에 입학해 조각가로서의 기초를 닦음.

1862년 누나 마리아의 죽음으로 수도원에 들어감.

1864년 살롱 전시회에 〈코가 부러진 남자〉를 출품하였으나 사실적인 묘사로 심사위원들에게 거부감을 주어 낙선함.
아내 로즈 뵈레를 만남.

1870년 브뤼셀에서 건축장식 직공으로 일함.

1875년 이탈리아를 여행함.

1878년 파리로 돌아와 〈청동시대〉를 출품함.

1880년 〈청동시대〉의 가치가 재인식되며 살롱에서 3등상을 받음. 40대에 들어서며 비로소 조각가로서의 능력을 인정받고 〈생각하는 사람〉을 제작함.

1883년 카미유 클로델을 만나서 작업실 조수로 고용함. 카미유 클로델은 로댕 조각의 모델이자 연인 사이로 발전함.

1884년 〈칼레의 시민〉을 제작함.

1900년 〈지옥의 문〉을 제작하였으나 평생에 걸쳐 수정을 거듭함.

1905~1906년 시인 라이너 마리아 릴케가 로댕의 비서로 일함.

1908년 〈대성당〉을 제작함.

1914년 성당 순례 감상을 모은 『프랑스의 대성당들』이라는 책을 씀.

1916년 파리에 국립 로댕 미술관이 발족됨.

1917년 사망 2주 전 아내 로즈 뵈레와 결혼 53년 만에 결혼식을 마친 뒤, 11월 17일에 사망함. 로댕은 로즈 뵈레와 뫼동의 로댕 미술관 정원에 안치됨.

미술관에 놀러 가요

강릉시립미술관	gn.go.kr/mu	033) 640-4271
경기도미술관	gmoma.or.kr	031) 481-7000
경남도립미술관	gyeongnam.go.kr/gam	055) 254-4600
경인미술관	kyunginart.co.kr	02) 733-4448
광주시립미술관	artmuse.gwangju.go.kr	062) 613-7100
국립중앙박물관	museum.go.kr	02) 2077-9000
국립현대미술관	mmca.go.kr	02) 2188-6000 (과천관)
		02) 2022-0600 (덕수궁관)
		02) 3701-9500 (서울관)
		043) 261-1400 (청주관)
대구미술관	daeguartmuseum.org	053) 803-7900
대전시립미술관	dmma.daejeon.go.kr	042) 270-7370
부산시립미술관	art.busan.go.kr	051) 744-2602
삼성미술관 리움	leeum.org	02) 2014-6900
서울시립미술관	sema.seoul.go.kr	02) 2124-8800
예술의전당	sac.or.kr	02) 580-1300
전북도립미술관	jma.go.kr	063) 290-6888
제주도립미술관	jmoa.jeju.go.kr	064) 710-4300
포항시립미술관	poma.kr	054) 270-4700
호암미술관	hoam.samsungfoundation.org	031) 320-1801

※ 자세한 정보는 미술관의 인터넷 홈페이지와 전화를 통해 문의하시기 바랍니다.